2016년 11월 17일 일본에서 달라이 라마 존자 접견

불교 쉽게 이해하기
깨침의 소리

자광慈光 지음

깨침의 소리

불교 쉽게 이해하기

●

慈光 지음

동국대학교출판부

책을 내면서

소납은 이 세상에 태어나 여느 동시대인들과 마찬가지로 전란, 궁핍, 생사의 이별을 겪었습니다. 전생의 연이 깊었는지 일찍 부처님 진리 안에 들어오게 되었고, 독한 마음으로 피나는 수행도 하였습니다. 정진 중에는 가파른 절벽에 부딪히기도 했고 암흑 속을 헤매다가 번뇌망상의 잡귀가 되어 허송세월을 보내기도 하였습니다.

이제 실속 없는 세월이 흘러 마음의 눈이 조금씩 열리기 시작하니 세상에 한마디 하고픈 마음이 일어나 소리 한번 내 봅니다.

젊어 한때는 중생교화의 열정으로 군포교에 매진했고, 이후 부처님 법을 알리는 일이라면 원근을 가리지 않고 찾아갔습니다. 그 다양한 삶의 현장에서 만난 만경계, 만상을 글로 표현하니 미숙함이 사무쳐 안색이 홍조 되었습니다.

우리의 삶 자체가 전 우주, 허공, 대자연 그리고 뭇 중생의 희생, 도움으로 살고 있으니 하루하루 나 외의 모든 것에 감사하며 삽시다. 책을 만든 동국대학교출판부의 수고에 감사드리며, 귀한 인연으로 세상에 나온 모든 생명이 부디 서로 아끼고 사랑하며 살기를 바랍니다.

멍텅구리 佛迎 慈光

I Am Awakened to You

Mind, Mind, and Mind!
Mind has no form, color, volume or weight.
Having no boundary, it envelopes the whole universe.
Having no coming and going, it always exists.
Having no weight, it takes the universe upon itself.
Having no anger or joy, it is always peaceful.
Having no color, it integrates all forms and colors.
From this mind the space is created,
time and space are created,
sentient beings and Buddhas are created,
heaven and hell are created.
Mind truly has created all things of phenomena.
The true nature of Dharma world
that is always with me!
Ten thousand things come and go through you!

알았네(覺)

마음, 마음, 마음이여
모양도 색깔도 부피도 무게도 없는 마음
한계가 없으니 우주를 싸고 남았고
가고 옴이 없으니 항상 존재하고
무게가 없으니 우주를 짊어졌고
성내고 기뻐함이 없으니 항상 평화롭고
색깔이 없으니 각양각색을 통합하였네.

마음에서 허공이 나왔고
시간과 공간이 나왔고
중생과 부처가 나왔고
천당과 지옥이 나왔으니
과연 삼라만상을 창조하였도다.

항상 나와 함께하는 진법계의 실상이여
만상이 들락거리는구나.

— 자광 법어

Whadu (Gongan)

I am "you"
You are "I"
You and I are "one"
Where will this "one" go?

Raft

"This" mixes with "that" and stays in harmony:
It is existence.
Things gather and then scatter:
Therefore nothing is fixed or permanent.
Impermanence, impermanence and impermanence!

話頭

나는 너
너는 나
나와 너는 하나
그 하나는 어디로 갈 것인가?

뗏목

존재*存在*한다는 것은
이것과 저것이 서로 어울려서 있는 것
모였다 흩어짐을 반복하니
고정불변한 것 없네
무상, 무상, "無常"이로다.

Nonsense

I have come to this world with empty hands.
How on earth have I become a slave of greed,
wanting to have everything?
What I have accumulated by exerting myself all my life
should have lasted tens of thousands years.
Alas! Now I realize that is a futile expectation.
In the moment of departure,
what will I take?
What will I leave?
I have to think carefully
what is truly mine…… "?"

공수래 공수거

이 세상에 나올 때는 빈손으로 나왔으면서
어쩌다 탐욕의 노예가 되어
온갖 것을 다 가지려 하는가?
혼신을 다하여 쌓아 놓았던 것이
천만 년 내 것인 줄 알았는데
세연이 다해 감에 이 모두가 헛일인 줄 알았네
무엇을 가져갈꼬
무엇을 두고 갈꼬
생각 좀 해 보세
참된 내 것이 무엇인지……"?"

종교에 대한 생각

대한민국은 다양한 종교가 존재하는 나라입니다. 다양한 종교가 존재하는 만큼, 나라가 평안하고, 각자의 삶이 여유롭고, 사람들은 유순해야 종교의 존재 가치가 인정되는 것인데, 종교로 인해서 사회 통합에 방해 되고 갈등 조장의 원천이 되고 있다면 큰 걱정이 아닐 수 없습니다.

자기가 소속된 종교에 충실한답시고 그 열정이 타종교를 공격하는 도구로 사용되고 있지 않은지 한번 생각해 봅시다. 또한 하나의 신神에 집착한 나머지 맹신자가 되고 있지는 않은지 생각해 보고 삽시다.

종교란 인간의 영혼과 마음을 일깨워 삶의 의미, 존재 가치를 알게 하고, 하나 된 세계 속에서 서로 어울리고 공존한다는 것을 알게 하여 서로 돕고 배려하면서 사는 것을 가르쳐야 합니다.

맹신은 정직한 종교인의 자세가 아닙니다. 갈등을 조장하며 대립각을 세우고 사는 사람은 진정한 종교인이 아닙니다.

종교를 잘 믿으면 행복의 원천이 되고, 잘못 믿어 맹신이 되면 자아自我를 잃어버리고 혹세무민惑世誣民하게 됨을 아는 지혜로운 사람이 되어야겠습니다.

차례

책을 내면서 / 4

1부 삶과 죽음

네가 있음으로 내가 있다 / 18
만물과 나, 부처님은 하나 / 24
일체 만물은 내 마음에서부터 / 29
거지 팔자를 정승 팔자로 바꾼 형제 / 35
바른 행을 닦는 것이 열반의 길 / 45
죽음을 이해하면 두렵지 않다 / 54
죽은 다음에는 어디로 가는가 / 63
삼업이 청정하면 곧 부처 / 71
천국과 지옥을 체험한 장수 / 79
행복과 불행의 열쇠 / 86
나를 속박하는 것 / 94
49일의 염불소리 / 102
부모님의 열 가지 은혜 / 110
윤회의 나그네 길 / 115
은혜에 감사하고 살자 / 121

1부 기본 교리 업業과 윤회輪廻 _128

연기緣起 _139

오온五蘊, 십이처十二處, 십팔계十八界 _146

2부 수행

청정행의 정신을 다시 살리자 / 162

수계, 불자로 태어나는 의미 / 176

기도는 마음을 바꾸는 과정 / 182

참선은 청정한 마음을 찾는 수행 / 190

마음으로 불러야 염불이다 / 198

0.2평의 기적, 낮추고 또 낮추기 / 208

고운 말은 가장 쉬운 이타행 / 216

일상에서 할 수 있는 보살행 / 226

불난 집에서 뛰쳐나와라 / 241

마음이 짓고 마음이 허문다 / 252

부처님에게 얼마나 다가갔는가 / 260

우리 모두가 부처의 씨앗 / 267

다시 악도에 떨어지지 않는다 / 274

참회하는 마음이 수행의 시작이다 / 279

2부 기본 교리 **사성제**四聖諦 _284

팔정도八正道 _294

삼독三毒과 **계정혜**戒定慧 _307

육바라밀六波羅蜜 _316

··· 1부 ···

삶과 죽음

인간이 홀로 잘나서 사는 것 같지만, 뭇 중생의 도움과 협력이 있어야만
단 하루라도 생명을 유지할 수 있는 것입니다.
대자연, 우주공간, 유정·무정들이 나의 삶을 도와서
또 내 생명을 유지시켜 주는 데
절대적인 협력을 하고 있다는 사실을 알아야 합니다.

네가 있음으로 내가 있다

사람이 태어나 살아가다 보면 여러 가지 의문을 갖게 됩니다. 특히 청소년 시절에는 무던히도 많은 갈등과 고민들 때문에 잠 못 이루는 밤을 경험했을 것입니다. 대부분의 고민은 이성문제, 교우관계, 학업 등의 현실적인 문제들이겠지만, 곰곰이 생각해 보면 철학적인 고민도 적지 않았을 것입니다.

나는 누구인가?

인간은 왜 태어나는가?

왜 세상은 이렇게 생겼을까?

결국 나는 어디에서 왔는가?

누가 만든 것인가?

창조자가 있는가?

이와 같은 의문이 일어나면, 이러한 고민들은 그 원인의 원인을 찾아서, 또 그 원인을 찾도록 만듭니다.

사실 이러한 물음이 종교의 출발이라고 할 수 있습니다. 세간법에서는 그 누구도 확실한 해답을 주지 못했으나 오직 유일하게 부처님만이 확실한 답을 주셨습니다. 유신론자有神論者들은 신이라는 존재를 인정하고, 인간이 해결하지 못한 궁극적인 질문들의 해답처가 신이라고 믿어 버리는 겁니다.

그러나 신이라는 존재가 인간을 얼마나 어리석고 나약한 존재로 만드는지 생각해 보셨습니까? 인간은 지각을 지닌 사회적인 동물이면서 또 한편으로는 개인적이고 나약한 존재입니다. 쉽게 말해서 밖으로는 타인과의 관계에서 행복을 얻고 사회적인 활동으로 만족을 얻지만 안으로는 늘 외롭고 허전하다는 말입니다.

신이란 존재는 인간 내면의 깊숙하고도 복잡한 문제를 '믿음'이라는 이름으로 세뇌시킵니다. 인간의 상호관계 속에서 채워지지 않는 사랑을 신의 사랑으로, 죄책감이나 양심의 괴로움은 신의 용서로 감싸 안습니다. 이 세상이 어떻게 존재하는지, 왜 존재하는지 궁금했던 것들이 신의 능력으로 모두 설명됩니다. 미지의 것들에 대한 불안 초조함, 모든 의문과 걱정이 다 덮여 버린다는 말입니다.

하지만 이것은 궁극적인 해결이 아니라는 걸 알아야 합니다. 우리는 '신'이라는 도피처 말고 진짜 해답을 찾아봅시다.

'나는 어디에서 왔는가?' '누가 만든 것인가?'에 대한 해답 말입니다.

나는 신神의 존재는 인정합니다. 그러나 창조주로는 믿지 않습니다. 이 세상에는 다양한 신들이 있습니다. 그 신들이 갈등·분열·투쟁·정복의 실수를 수없이 했고 지금도 하고 있지 않습니까? 그래서 나는 신들도 하나의 중생으로 보고 제도의 대상이지 창조신으로 모시지는 않습니다.

결론부터 말씀드리자면 모든 존재는 서로 밀접한 관계 속에 어울려서 존재한다는 연기緣起 법칙으로 설명할 수 있습니다. 연기의 법칙을 간단히 말하자면 "이것이 있으므로 저것이 있고, 저것이 있으므로 이것이 있다."라고 요약할 수 있습니다. 이 세상에 존재하는 모든 것은 홀로 존재하는 것이 아니라 서로 밀접한 관계 속에서 존재하는 것입니다. 또한 세상에는 원인에 따른 결과가 반드시 존재하며, 수많은 조건 속에서 존재하는 것입니다. 우리 인간이 사는 것도 그렇습니다. 인간이 홀로 잘나서 사는 것 같지만, 뭇 중생의 도움과 협력이 있어야만 단 하루라도 생명을 유지할 수 있는 것입니다. 대자연, 우주공간, 유정·무정들이 나의 삶을 도와서 또 내 생명을 유지시켜 주는 데 절대적인 협력을 하고 있다는 사실을 알아야 합니다.

여러분을 창조한 사람은 누구입니까? 그것은 나의 부모님이라는 것이 분명한데도 왜 굳이 있지도 않은 창조신을 설정해 놓고 거기에 매달려서 근거 없는 맹신으로 불효를 합니까?

인간을 비롯한 모든 삼라만상이 서로 의존관계, 상관관계, 협력관계 속에서 존재하고 없어지고 존재하고 없어지는 생멸의 윤회가 이어집니다.

불교의 핵심적인 가르침은, 삼라만상이 존재하는 것은 상호의존관계인 연기緣起 속에서 존재한다는 것입니다. 어떤 특정 종교에서는 전지전능한 조물주가 있어서 삼라만상을 만들어내고, 그 조물주의 역할에 의해서 우리가 살고 움직이고, 조물주의 시킴에 의해서 사는 것이라고 말하기도 합니다만 불교는 창조신을 설정하지 않고, 창조신을 부정하는 종교입니다.

생각해 봅시다. 창조신이 있고 그 신의 뜻대로 움직이고 살아간다는 말이 성립될 수 있을까요?

'나'란 사람을 만든 이는 없습니다. 나의 존재는 내가 아닌 다른 존재가 있기 때문에 일시적으로 있는 것이지, 영원히 지금과 같은 모습의 내가 있는 것도 아니고, 누군가 나를 이렇게 만들거나 조종하지도 않는 것입니다.

삼라만상은 서로 의존관계인 인연因緣 속에서 존재하고 만들어지는 것이지 어떤 절대적인 창조신이 있어서 세상을 만들고 움직이는 것이 아닙니다. 만약 창조신이 있다면 그 신을 누가 만들었습니까? 우리 불교에서 창조의 근본은 서로 협력, 의존관계 속에서 존재한다고 봅니다. 이 의존과 협력과 상호관계라고 하는 것은 어디서부터 시작된 것도 아니고 어디에서 끝나는 것도 아니고 끝없이 존재하는 현상계에서 반복을 거듭하는 것입니다. 누구로부터 시작된 것이 아니라 그냥 그렇게 끝없이 반복하며 살아가고 있는 것입니다.

부처님께서는 이것을 깨우쳐 주기 위해서 연기법緣起法을 8만4천 대장경 가운데 가장 중요한 진리로 말씀하셨습니다.

일찍이 부처님께서는 무아론無我論을 설하셨습니다. 쉽게 말하면 인간에게는 '나(我, ātman)'라고 할 수 있는 고정불변의 실체가 없다는 것입니다. 인간을 자세히 살펴보니, 오온五蘊이 임시로 화합하여 이루어져 있는데 이것은 색色(물질)·수受(느낌)·상想(개념활동)·행行(의지활동)·식識(분별활동)입니다. 오온은 상주하고 불변하는 실체라고 할 수 없습니다. 그런데 중생은 변하지 않는 실체인 '내'가 있다고 해서 집착하고 욕망하면서 고통을 받고 업을 짓게 됩니다. 그래서 부처님께서는 모든 탐욕의 근원인 '나'라는 것에 집착하지 말고 삼라만상 모든 것이 무상無常함을 알고 깨달음의 세계로 갈 것을 설하신 것입니다.

    결국 '나'를 만들 수 있는 것은 그 무엇도 있을 수 없습니다. 오직 다른 것에 의지하면서 존재할 수밖에 없는 것이 바로 '나'라고 할 수 있습니다. 그런데 '나'라는 것도 따지고 보면 여러 가지 요소가 다양한 조건 속에서 일시적으로 인연화합因緣和合으로 이루어진 것이기 때문에 영원불멸한 '나'라는 것은 존재하지 않습니다. 이러한 사실을 여실히 보는 것이 바로 부처님께서 말씀하신 열반의 세계로 가는 수행의 첫걸음인 것입니다.

만물과 나, 부처님은 하나

천지天地는 나와 동근同根이요,
만물萬物은 나와 동체同體로다.

이 게송은 깨달음을 성취한 사람이 지혜의 눈으로 보면 하늘과 땅은 나와 한 뿌리요, 삼라만상은 나와 한 몸뚱이라는 것입니다. 세상의 모든 것이 나와 똑같이 귀하고 소중한 존재라는 내용입니다. 그렇다면 이 세상은 누가 만든 것입니까? 눈을 돌려 세상을 바라보면 온갖 것이 다 보입니다. 인간도 보이고 축생도 보이고 산하대지 삼라만상이 제각각 형상을 다 나타내고 있는데, 이 거대한 현상계를 누가 만들었는가, 즉 누가 창조했습니까? 이것은 우리 인간의 궁극적인 물음이며, 이것만 확실히 안다면, 불교의 대의를 대충은 알 수가 있을 것입니다.

부처님께서는 제자들을 모아 놓고 이렇게 말씀하셨습니다.

연기緣起를 보는 자는 진리를 보고
진리를 보는 자는 부처를 볼 것이니라.

그러니 연기는 바로 부처님께서 깨달으신 본질이고 핵심이라는 것을 알 수 있습니다. 그래서 '진리 자체가 바로 부처님'이라는 것은 부처님께서 늘 강조하고 중요하게 말씀하신 내용입니다. 그렇기 때문에 연기법을 바로 알아야만 삼라만상 모든 존재의 의미도 제대로 알 수 있고, 나아가 우리가 무엇을 어떻게 하면서 살아야 될 것인가를 알 수 있습니다. 그 해답은 바로 인연을 잘 지어야 행복한 삶이 보장된다는 말입니다.

부처님이 왜 존재합니까? 중생은 왜 있습니까? 중생이 있기 때문에 부처님이 존재하시는 것입니다. 부처님은 완벽하게 깨달으신 진리의 실상을 우리 중생에게 개시오입開示悟入, 깨달음을 열어 보여 주시고 깨달음에 들어가게 하기 위해서 오신 분이기 때문에, 우리는 부처님 앞에서 예경하고 가르침을 배워 실천·수행·정진하는 것입니다. 중생과 부처님은 서로 상관관계 속에서 존재합니다. 중생 없는 부처가 있을 수 없고 부처님 없는 중생이 있을 수가 없습니다. 그러나 불교에서 깨우침은 중생이니 부처니 하는 관계에만 머무르는 것이 아니라 이 이분법을 초월해서 중생과 부처가 하나 된 경지로 나아가는 것이 목표입니다.

연기의 법칙으로 볼 때는 무엇 하나 홀로 있는 것이 없고 서로 의존한다는 것을 말씀드렸습니다. 따라서 너와 내가 별개라는 생각은 연기의 법칙 속에서 있을 수가 없는 것입니다. 모두가 하나 된 법칙 속에서 서로 어울려 협력하면서 살고 있다는 이치를 알아야 합니다. 자연과 나, 우주와 나, 이웃과 나, 모든 객관과 주관이 연기법칙 속에서 쉴 새 없이 하나로 작용하고 있기 때문입니다. 너와 내가 서로 남일 수 없고 너의 고통이 나의 고통이요, 너의 즐거움이 바로 나의 즐거움이라, 너와 나는 본래 하나인 것인데, 중생의 마음이 망견을 일으켜서 너는 너고 나는 나라는 분별심을 낸 것입니다. 인연법, 연기법으로 볼 때, 이는 둘이 아니며 하나 된 세계 속에서 인연을 맺고 살아가는 것입니다. 그래서 모든 중생이 나와 하나라는 것을 바로 보면 깨달음의 눈이고, 모든 중생은 제각각 너와 나의 엄연한 차별이 있다고 보면 중생의 눈이라는 것입니다.

여기에 꽃 한 송이가 있습니다. 이 꽃 한 송이를 피우기 위해서 얼마나 많은 사람의 손길이 여기에 보태어졌는지 생각해 보십시오. 사람의 손길뿐 아니라 모든 중생의 인연이 여기에 합쳐져서 꽃 한 송이가 핀 것입니다. 또 우리가 매일 먹는 밥 한 그릇도 단순히 내가 상을 받아서 그냥 먹는 것이라는 생각이 들지만 이 밥 한 그릇을 위해 이 지구 상의 65억 인구가 다 동원되었고, 또 지구 상의 대지가 동원되었고, 저 우주의 태양, 공기, 들판의 바람, 구름 속의 비 등이 동원되었고, 여기에 농부의 땀방울, 탈곡하는 사람의 손길, 쌀을 운반하는 이들의 어깨를 통해서 우리의 밥상에 올라온 것입니다. 이렇듯 수많은 사람의 땀과 수고로운 손길을 거치고 거쳐서 우리 어머니의 따뜻한 사랑이 보태어져 내 입에 한 수저의 밥이 들어오는 것입니다. 내가 입는 옷, 먹는 밥 한 그릇, 여기에 보고 있는 꽃 한 송이, 이것들이 모두 뭇 중생과 뭇 대지와 전 우주가 협력해서 만들어 낸 것이니 내가 이것을 먹고 입는 것은 곧 우주와 함께 먹고 입으며 살고 있는 것입니다.

그렇기 때문에 뭇 중생과 나는 한 몸이고 저 태양과 나는 하나이고 우주와 자연, 비바람, 먼지마저도 모두가 다 하나일 수밖에 없는 것입니다. 인간이 살고 있는 현상계, 눈에 보이지 않는 광활한 우주까지도 서로 인연의 끈으로 이어져 연기의 법칙 속에서 숨 쉬고 마음을 나누며 협력하고 이렇게 서로 인연 맺으면서 한 틀 속에서 살고 있다는 것, 그것을 알아야 연기를 이해할 수 있을 것입니다.

일체 만물은 내 마음에서부터

우리는 분별을 많이 합니다. 분별이 곧 중생심입니다. 혈연, 학연, 지연 등 구실만 있으면 나누고 끼리끼리 묶으려고 합니다. 그것이 바로 중생심인데 부처님은 그렇게 하지 말라고 하셨습니다. 나누고 찢고 발리는 것은 이원론자나 다원론자들이 주장하는 것이고, 불교의 인연법칙 속에서는 나눌 것이 없습니다. 바로 네가 나고 내가 바로 너, 너와 나는 하나의 인연법칙 속에서 그렇게 맺어 가며 살고 있기 때문입니다.

중생의 마음속에는 미움이 있는데, 이것은 차별심을 갖고 상대를 남으로 보기 때문입니다. 아무리 미운 존재가 있다 하더라도 객관적으로 바로 그 모습이 나의 모습이며, 나와 관계를 맺고 있다고 생각해 보십시오. 어찌 미운 마음이 오랫동안 사무쳐 적이 될 수 있겠습니까?

  불교의 실천덕목 가운데 자비심이 있습니다. '부처님이 자비를 행하라 하셨으니 자비를 행한다.' 이렇게 인위적으로 생각할 수도 있겠지만 부처님이 자비라는 것을 가르치기 이전에 인연법칙 속에서 너와 나는 하나이기 때문에 도저히 남이라고 박절하고 매정하게 대할 수가 없습니다. 그러므로 너의 아픔이 나의 아픔이요, 너의 즐거움이 시기의 대상이 아닌 나의 즐거움이고, 네가 뼈저리게 사무치는 고통에 처해 있을 때 나도 함께 느껴지는 그런 마음이 생겨야 자비라는 말이 성립되는 것입니다. 그래서 연기의 이치를 바로 아는 지혜의 눈으로 세상을 보면 저절로 자비로운 손길이 드리워지는 것입니다.

  다시 부처님의 인연법으로 돌아와서, 인연법칙 속에서는 모든 것이 하나입니다. 서로 의존하고 협력하면서 사는 것입니다. 요즘 경제가 매우 어렵다고들 합니다. 어려운 것도 사실입니다. 그러나 어렵다고 한탄만 하면 무슨 도움이 되겠습니까? 어려울수록 서로 아픔을 함께하고 부족하면 부족한 대로 서로 나눠 먹는 것입니다. 따뜻한 마음을 내어서 서로 협력하고 베풀어 줄 때, 비로소 살 만한 인간사회가 되는 것입니다.

우리 모두 인연법칙 안에 있네

불교를 왜 믿습니까? 부처님의 진리를 왜 배웁니까? 인연의 법칙 속에서 우리는 자비를 배웠습니다. 자비를 실천하는 것이 불교를 바로 믿는 것이라고 말하고 싶습니다. 왜 우리는 마음을 닦아 육신을 조복 받는 이런 수행의 길을 걷고 있습니까? 수행이 무르익어 내가 자비심과 하나가 되어서 내가 가는 곳마다 자비로 가득 차고 나의 손길마다 따뜻한 자비가 넘쳐 나고 나를 보는 사람들이 모두 기분 좋은 미소를 지을 때, 이 자비는 나 혼자만이 간직하는 것이 아니라 인연의 법칙 속에서 동체대비인 모든 이웃과 함께합니다.

또한 자연과 나는 하나입니다. 자연과 대지가 공급하는 무한한 산소와 태양열, 끝없이 제공되는 먹을거리와 필수품들, 그 모든 것에게 내가 신세를 지고 사는 것입니다. 나도 거기에 베푸는 무엇인가가 있어야 하지 않겠습니까. 그래서 자연을 사랑하고 대자연을 깨끗하게 가꾸면서 살아야 합니다. 우리가 우주공간 대자연에서 얻는 것은 많은데 우리는 대자연에 대해서 무슨 짓을 하고 살았는지 반성하면서 삽시다.

그러면 모든 인연의 법칙, 이것과 저것이 서로 어울려서 살아가게끔 하는 근본적인 세력이 있어야 하지 않겠습니까? 그런 것이 무엇인가? 그것은 전지전능한 신이 아닙니다. 나를 나이게끔 하고 현상계를 현상계이게끔 하고 이 현상계를 협력관계 속에서 움직이게 하는 원동력이 무엇인가 하면 불교에서는 마음이라고 하였습니다. 『화엄경』에서는 '일체유심조一切唯心造'라고 하였습니다. '모든 것은 다 마음이 짓는다.' 현상계를 그대로 놓고 보면 상호 의존관계 속에서 서로 생했다가 멸했다가 하는 것인데, 그것을 근본적으로 느끼고 움직여 주는 것은 전지전능한 신이 아니라 바로 개개인의 마음입니다. 달리 표현하면 "신이 창조한 것이 아니라 우리 마음이 삼라만상을 창조했다." 이렇게 말할 수 있습니다.

모든 것은 다 마음이 만들어 냅니다. 산하대지 삼라만상도 우리 마음이 만들었고 우리 생활의 처지, 우리가 살아온 역사, 살고 있는 상황, 이런 것들이 모두 다 마음으로부터 만들어졌습니다. 그래서 부처님께서는 마음이 참으로 중요한 것이니 마음을 잘 다스리라고 한 것입니다. 마음을 다스리지 않으면 거칠게 날뛰는 원숭이와 같아서 탐진치 삼독심의 노예로 살아갈 수밖에 없습니다.

이제 어리석은 무지無智의 먹구름을 걷어 냅시다. 그러면 밝은 지혜가 나오고, 밝은 지혜가 발현되면 이것이 바로 깨달음의 경지요, 부처의 경지요, 해탈의 경지라고 하셨습니다.

이런 깨달음의 경지에서는 생활 그대로가 자비입니다. 그 자비가 이웃에게 확대되어 온통 자비로 가득한 세계를 만들어서 사는 것입니다. 마음이라는 것을 잘 챙겨 주시기 바랍니다. 마음이 자기를 만들고 일체를 만들기 때문입니다.

결국은 마음 하나에 있다

지옥과 천당도 마찬가지입니다. 결국 마음속에 있는 것입니다. 누가 화나게 했다고 해서 귀중한 생명을 죽이려 악한 마음을 먹었다면 그게 바로 지옥입니다. 잘못에 대해 참회하는 마음이 바로 천당입니다.

지옥과 천당은 마음 안에 있는 것입니다. 마음속에서 일체가 다 이루어져 있는 것입니다. 마음속에서 중생과 부처가 나왔고, 마음속에서 신과 인간이 나왔고, 마음속에서 우주가 나왔고, 마음속에서 모든 현상이 나온 것입니다. 그러므로 마음이 주인이라는 것, 마음이 창조주라는 것을 명심해야겠습니다.

정리하자면 삼라만상은 전지전능한 신이 있어서 만드는 것이 아니고 연기법칙에 의해서, 상호 의존·협력·상관관계 속에서 이루어지고 멸하는 것입니다. 나의 팔자도 누가 시켜서가 아니라 나의 마음과 의지가 이 상황, 이런 팔자와 운명을 만들어 가는 것입니다. 자신의 운명이나 팔자가 잘못되어 고통스럽다면 마음을 새롭게 고쳐먹어야 합니다. 마음공부의 중심을 찾으려면 부처님 가르침 속에서 찾아야만 확실한 답이 나옵니다.

부처님 말씀에 의지하고 듣고 따르고 실천하면서 사는 것, 이것이 바로 제대로 된 마음공부를 하는 사람입니다. 또 일체의 모든 행복과 불행은 바로 마음에 달려 있다 했는데, 행복을 앗아가는 것은 불행입니다. 그런데 불행은 밖에서 찾아오는 게 아니라 자기 마음에서 일어나는 욕심 때문에 생기는 것입니다. 욕심이 치성하면 치성할수록 행복은 멀어집니다. 불행하다고 느끼는 분이 있다면 욕심을 버리십시오. 욕심을 버리라는 것은 잘되는 것을 버리라는 것이 아닙니다. 과분한 재물과 명예를 다 갖고 싶어서 악행을 일으키는 것, 이것이 바로 자기도 불행하게 만들고, 이 세상도 각박하게 만드는 것입니다. 욕심을 버리면 모든 속박으로부터 자유로워집니다. 욕심을 버려야 연기법칙 속에서 하나라는 것을 실감할 수 있을 것이고, 또 모든 것은 마음에서 이루어진다는 것, 마음에서 삼라만상을 만들어 낸다는 이치도 알게 될 것입니다.

거지 팔자를 정승 팔자로 바꾼 형제

지금부터 1,300년 전 당唐나라 때 배도와 배탁이라는 샴쌍둥이 형제가 등이 서로 붙어서 태어났습니다. 한날한시에 태어났기 때문에 사주가 일 분 일 초도 틀리지 않았습니다. 그런데 다행히 당시에도 의술이 있었던지, 부모가 칼로 등을 갈라 약을 바르고 치료를 해서 키웠습니다. 형제의 이름을 '度' 자로 짓되, 살이 많이 붙은 아이는 형으로 '법도 도度' 배도라 부르고, 살이 적게 붙은 아이는 동생으로 '헤아릴 탁度' 배탁이라 했습니다. 도와 탁은 한 글자입니다.

어려서 부모를 여읜 배도와 배탁은 외삼촌에게 몸을 의탁하고 있었습니다. 어느덧 16세가 되었지만 이들은 외모가 원숭이처럼 새카맣고 볼품이 없었습니다.

어느 날 일행 선사一行禪師라는 큰스님이 집으로 찾아와서, 쌍둥이 형제를 유심히 본 뒤 외삼촌에게 말했습니다.

"저 아이들의 사주 관상을 보니 영락없는 거지 팔자입니다. 집에서 내보내는 것이 좋겠소."

거지가 된다는 것은 그 집안을 거덜 내 망하게 하는 것이니, 그 전에 형제를 내보내 노후에 재산이라도 지키라는 것이었습니다.

철이 든 배도는 이 말을 알아듣고 전생에 업을 잘못 지어서 나쁜 사주를 타고난 것은 자신들의 탓이므로 남까지 피해를 주어서는 안 되겠다고 생각했습니다. 그래서 사람 없는 산골짜기에 가서 움막을 짓고 둘이 살자고 배탁에게 말했습니다. 그러나 배탁은 답답해서 골짜기는 싫다고 거절했습니다. 결국 배도는 사람이 살지 않는 산골짜기에, 배탁은 사주가 좋지 않다는 사실을 숨기고 뱃사공을 하며 살았습니다.

세월은 흐르고 홀로 산중에 움막을 치고 살던 배도는 하루하루가 무척이나 심심해 삶이 무의미하다고 느껴졌습니다. 그래서 산중에 혼자 살고 있지만 전생에 업을 잘못 지어서 나쁜 팔자를 타고났으니 팔자를 고치기 위해서 착한 일을 한번 해야겠다고 생각했습니다. 그러고는 한 번 착한 일을 하면 막대기 하나를 깎아서 땅에 세워 표시하고, 나쁜 일을 하면 반대쪽에

다 표시를 하기로 했습니다.

산중에서 혼자 살던 배도가 할 수 있었던 착한 일은 그저 비가 와서 물에 개미가 떠내려가면 건져서 양지바른 곳에 놓아 주고, 큰 나무 밑에 작은 나무가 짓눌려서 잘 못 살면 그것을 캐다가 양지바른 쪽에 심어 주고, 사람들이 다니는 산길이 무너져 있으면 편히 다닐 수 있도록 고쳐 주는 일들이었습니다.

그렇게 3년쯤 살다 보니 악한 일 한 것은 하나도 없고 착한 일 한 것만 많았습니다. 배도도 이 정도면 됐다는 생각에 사람들이 사는 곳을 구경해 봐야겠다고 생각하고 산에서 내려갔습니다. 배도는 이곳저곳 돌아다니며 장마가 져 논두렁이나 길이 무너져 있으면 그곳에 가서 고쳐 놓고, 농사철에 일손이 바쁘면 열심히 일을 해 주고, 어촌에 가서 어부들이 고생하고 있으면 배도 끌어 주고, 그물도 고쳐 주고, 고기도 잡아 주고, 남의 지붕이 무너졌으면 지붕도 고쳐 주었습니다. 밥은 한 끼라도 주면 얻어먹었습니다.

얼마 지나지 않아 마을 사람들 사이에서 착한 사람이 돌아다닌다는 소문이 돌았습니다. 배도는 돈을 주어도 받지 않고, 밥만 주면 그것만 먹고, 집 안에 들어와서 자라고 해도 사양하고, 움막이 없으면 처마 밑이나 다리 밑에서 잤는데, 이런 배도의 모습을 보고 "요즘 성인이 돌아다니고 있다."는 소문까지 나게 되었습니다.

그 당시 왕은 나라의 재상을 새로 뽑으려 하고 있었습니다. 마침 장안에 성인이 돌아다닌다는 소문을 들은 왕은 '성인 정도면 재상을 해도 이 나라 살림을 제대로 운영하겠구나' 싶어 그 성인을 모셔 오라고 명령했습니다.

왕이 그 성인이란 자의 생김새를 보니 얼굴은 새까맣고 등은 꾸부정한 것이 원숭이 비슷하게 생겨서 천하에 이런 못난이가 따로 없다는 생각이 들었습니다. 그래서 왕은 '저렇게 못난 사람을 보고 왜 사람들이 성인이라고 그럴까'라는 의문이 들었습니다.

"도대체 어떤 행동을 했기에 사람들이 당신을 보고 성인이라고 하는 것인가?"

"대왕이시여, 저는 잘한 일이 아무것도 없습니다. 그냥 돌아다니면서 밥만 얻어먹고, 다른 사람들에게 신세만 졌는데 나를 이렇게 성인이라고 하는 것은 가당치 않은 소리입니다. 그 말씀을 거두어 주십시오."

배도의 대답에 '이 사람의 겸손함을 보니 진짜 성인인 것 같다'고 여긴 왕이 배도를 재상으로 임명하려 했습니다. 재상은 지금으로 따지면 국무총리인데 그 막중한 자리에 배도를 앉히려는 것이었습니다.

배도는 이 말을 듣고 깜짝 놀랐습니다.

"제발 그 말씀은 거두어 주십시오. 저는 그런 인물도 못될 뿐만 아니라, 나쁜 사주를 타고났기 때문에 만일 제가 이 나라의 재상이 되면 이 나라 백성이 다 굶어 죽습니다. 그러니 당치 않은 말씀을 거두어 주십시오."

배도의 겸손한 모습을 본 왕은 더욱더 목소리를 높여 재상의 자리에 배도를 임명하려 했고, 그럴수록 배도는 더욱 간곡하게 사양하는 것이었습니다.

결국 왕이 왕명으로써 명을 내리자, 배도는 하는 수 없이 말했습니다.

"딱 3년만 재상을 하겠습니다. 그 전에 잘못하면 목을 잘라서 내보내고, 3년이 지나면 풀어 주십시오."

결국 재상의 자리에 오른 배도는 업무를 아주 훌륭하게 처리했습니다. 물난리가 나면 누구보다도 먼저 거기에 가서 물에 빠진 사람을 건져 내고, 백성의 아픔을 잘 조사해서 필요한 것을 도와주고, 어디에서 전염병이 돈다고 하면 먼저 가서 간호하고, 아픈 사람은 격리해서 치료해 주었습니다.

또 변방에서 자주 반란이 일어나 골칫거리였는데, 반란군들의 불만을 물으니 과중한 세금과 자신들에 대한 괄시 때문이라고 하자, 배도는 앞으로 절대 괄시하지 않을 것과 세금을 걷지 않을 것을 약속하고, 쌀이 부족하다고 하면 쌀을 주고, 신분을 보장해 주어서 반란군들을 회유하였습니다. 이렇게 해서 배도가 재상을 맡은 30년 동안 태평성대를 유지했습니다.

이 마을 저 마을을 떠돌아다니던 시절, 배도는 외삼촌을 만났습니다. "잠깐이라도 좋으니 집으로 들어가자."는 간청에 외삼촌 집에 머물고 있었는데, 때마침 지나가던 일행 선사가 배도를 보더니 깜짝 놀라는 것이었습니다.

"얘야, 너는 정승이 되겠구나."

"아니 스님, 언제는 저희 형제에게 거지로 빌어먹겠다고 하시더니, 오늘은 어찌 정승이 되겠다고 하십니까?"

"전날에는 너의 관상觀相을 보았고, 오늘은 너의 심상心相을 보니 영락없는 정승이로구나. 그동안 무슨 일을 하였느냐?"

배도가 그동안의 일을 자세히 말씀드리자 일행 선사는 무릎을 치면서 "그러면 그렇지! 바로 너의 마음가짐이 거지 팔자를 정승 팔자로 바꾸어 놓았구나."라고 하였습니다.

이때부터 배도는 글을 배웠는데 학문이 일취월장하여 마침내 정승이 되었고 나중에는 큰스님들을 만나 깨달음을 이루었습니다.

배도는 규봉圭峰 선사에게 배워 화엄교지華嚴敎旨에 통달했고, 황벽 스님의 문하에서 도를 닦게 되었습니다. 황벽 스님을 만나 문답한 것이 저 유명한 '배상국응낙裵相國應諾'이라는 이야기입니다.

배도가 홍주 자사洪州刺史가 되어 대안정사에 와서 참배했는데, 벽화를 보고 주지스님에게 물었습니다.

"저 그림은 무엇입니까?"

"고승의 진영眞影입니다." 주지스님이 대답했습니다.

"진상眞相은 볼 만하나 고승은 어디에 있습니까?"

그만 주지스님은 대답이 없었습니다.

"이 절에 참선하는 사람이 없습니까?"

"근래 한 스님이 와서 일하고 있습니다. 그분이 선자禪者 같습니다만."

"청해서 뵐 수는 없겠습니까?"

이때 바로 황벽 스님이 나타났습니다. 배도는 황벽 스님에게 "제가 스님에게 물을 것이 있습니다. 다른 스님들은 말씀을 아끼시니 바라건대 스님께서 한 말씀 해 주십시오."라고 말하였습니다.

"그러시오. 물으시지요."

배도가 앞서 주지스님과 나눈 '고승은 어디에 있느냐'는 이야기를 했습니다. 바로 그때 황벽 스님이 목소리를 높여 "배상국" 하고 부르니 배도는 "네." 하고 대답했습니다.

황벽 스님은 잠시의 틈도 없이 사자후를 토했습니다.

"어느 곳에 있는고?"

여기서 배도는 곧바로 깨친 바가 있었습니다. 그리고 옷깃을 여미고 정중히 황벽 스님에게 예배를 올리고 "우리 스님은 참으로 선지식입니다."라고 말했다는 이야기가 전해지고 있습니다.

또한 오늘날 황벽 스님의 법어로 남겨진『전심법요傳心法要』와『완릉록宛陵錄』은 배도가 기록한 것입니다. 불법의 심요를 얻고 깨달음을 전한 큰스님들만 기록하게 되어 있는 어록『경덕전등록景德傳燈錄』에도 배도의 이야기가 실려 있습니다.

제가 전하고자 하는 것이 무엇인지 아시겠습니까? 배도와 배탁은 쌍둥이였습니다. 두 사람 다 똑같이 빌어먹고 살 사주팔자를 타고났습니다. 그러나 선행을 실천한 배도는 정승이 되었고 동생 배탁은 형이 준다는 장군의 벼슬을 마다하고 황하강의 뱃사공이 되어 오가는 사람들을 건네주며 고매하게 살았습니다. 내 업은 내가 기꺼이 받겠다는 자세로 삼촌에게 폐를 끼치지 않겠다는 마음가짐과 가난한 이웃을 도운 선행이 팔자를 바꾸어 놓은 것입니다.

우리나라 사람들은 사주를 많이 보고 또 믿습니다. 하지만 집이 새면 공사를 해서 고치거나 때로는 부수고 새로 짓는 것처럼 내 운명은 내가 개척해 나가는 것입니다. 내 운명은 나밖에 책임질 사람이 없습니다. 내가 아무리 환경이 안 좋은 나라에 태어나고, 환경이 안 좋은 가정에 태어나고, 환경이 안 좋은 학교에서 공부를 해도 자신의 운명은 자기가 만들어 나가는 것입니다. 행복과 불행은 마음 쓰는 대로 결정됩니다.

공부에는 여러 가지가 있지만, 마음공부를 제대로 해야 여러분의 운명이 달라집니다. 아무리 부모에게 물려받은 재산이 많아도 마음공부를 게을리하면 허랑방탕한 곳에 빠져 그 재산은 금방 사라지게 됩니다. 아무리 배경이 좋아도, 장관이 되고 국회의원이 되고 높은 벼슬에 있다 하더라도 마음 한번 잘못 써서 일을 그르치면 하루아침에 낙마합니다. 마음공부는 하지 않고 "부처님 지켜 주십시오. 내 위치를 지켜 주십시오. 내 부를 지켜 주십시오. 내 배경을 지켜 주십시오."라고 기도만 한다면 이 기도가 이루어지겠습니까?

자업자득自業自得이라는 말이 있습니다. 모든 것은 내가 지은 대로 내가 받습니다. 나의 운명도 내가 만들어서 내가 살고 있는 것입니다. 잘못된 운명을 원망하지 말고 생각을 바꾸어 보면, 즉 한 생각 돌이키면 바로 천당이 내 마음속에 있고 행복이 내 마음속에 있는 것입니다. 천당이 내 마음속에 있다고 했는데 그러면 지옥은 어디에 있을까요? 지옥도 바로 내 마음속에 있습니다.

바른 행을 닦는 것이 열반의 길

사람은 누구나 태어남이 있으면 죽음이 있습니다. 태어난 날을 생일이라고 하고, 죽는 날을 제삿날이라고 합니다. 그러나 죽음이란 육신을 이루는 물질적인 요소인 질소, 수소, 산소, 탄소 등이 자연으로 환원되어 돌아가는 것이고, 우리의 영혼은 자신이 지은 업보에 따라 또 다른 생명으로 윤회하게 됩니다. 윤회는 생으로부터 다음 생으로 다시 태어나며 돌고 도는 수레바퀴와 같이 끝없이 죽고 태어나는 것이 계속되어 그치지 않는 것을 말합니다. 중생이 진정한 삶의 길을 모르고 탐, 진, 치 삼독에 물든 마음으로 고통스러운 생사를 끝없이 되풀이하는 것입니다.

우리는 어리석게도 죽음을 멀리 있다고 생각합니다. 당장 바로 지금 이 순간에도 죽음과 멀지 않은 곳에 있으면서도 말입니다. 생사生死는 호흡지간에 있다고 하였습니다. 숨 한 번 내쉬었다가 들이쉬지 못하면 우리는 죽음을 맞이하게 됩니다.

『잡아함경』에 부처님께서 죽음에 대해 말씀하시기를 "수명과 체온과 의식은 육신이 사라질 때 아울러 사라진다. 그 육신은 흙무더기 속에 버려져 목석처럼 마음이 없다. …… 수명과 체온이 사라지고 기관이 모두 파괴되어 육신과 생명이 분리되는 것이다."라고 하셨습니다.

하지만 여러분도 잘 알다시피 생명이라고 하는 것은 사라지는 것이 아닙니다. 우리가 잘 알고 있는 육도윤회를 하면서 또 다른 생명으로 옮겨 가는 것이지요. 죽음이란 육신과 그 속에 깃들어 있던 우리의 생명 혹은 혼, 마음이 분리되는 것뿐입니다. 그래서 중생은 영원한 윤회의 굴레 속에 산다고 말하는 것입니다. 이 굴레에서 벗어날 길을 알려 주기 위해 부처님이 오신 것이지요.

부처님은 깨달아 아신 분이기 때문에 스스로 이렇게 말씀하셨습니다.

"나는 있는 그대로의 실재를 알았다. 고苦가 무엇이며, 고를 일으키는 원인이 무엇이며, 고의 소멸이 무엇인지를, 고의 소멸로 이끄는 과정이 무엇인지를 알았다. 나는 그것이 정말 무엇인지를 알았다. …… 나의 자아가 열정적으로 싸우고 투쟁하는 동안, 무지가 추방되고 앎이 생겨났다. 어둠이 사라지고 빛이 나타났다."

부처님은 육신만 가셨을 뿐

부처님도 분명 죽음을 맞이했습니다. 그런데 부처님의 죽음은 죽음이라고 하지 않습니다. 중생이 죽으면 죽었다 하고, 깨우친 사람이 죽으면 열반에 들었다, 해탈했다고 합니다. 그렇다면 죽음과 해탈·열반의 차이는 무엇일까요? 우리는 언뜻 해탈·열반을 죽음과 같다고 생각합니다. 하지만 이는 바른 인식이 아닙니다. 열반이란 단순히 죽음이라는 뜻으로 표현하기에는 너무나 심오한 진리를 내포하고 있기 때문입니다. 이는 불교를 조금이라도 깊이 알고 있는 사람이라면 쉽게 알 수 있는 문제입니다.

열반涅槃은 빨리어로 닙바나nibbāna 혹은 산스끄리뜨어로 니르와나nirvāṇa의 음사어로서 '불어서 꺼진'이란 뜻인데 이것이 명사화되어 '불어서 꺼진 상태'라는 뜻이 된 것입니다. 예를 들어, 바람이 불어서 촛불이 꺼진 상태를 생각해 보면 되겠습니다. 여기서 촛불은 바로 우리의 번뇌로 가득 찬 갈애渴愛를 의미합니다. 사리불 존자는 "도반들이여, 탐욕의 소멸, 성냄의 소멸, 어리석음의 소멸이 바로 열반입니다."라고 정의하고 있습니다. 그러므로 열반은 모든 종류의 갈애가 다 사라진 경지이며, 탐욕(貪)과 성냄(瞋)과 어리석음(癡)으로 표현되는 모든 해로운 심리현상, 즉 번뇌망상이 모두 바람에 촛불이 꺼지듯이 '훅' 하고 꺼져 고요하고 평화로워진 상태입니다.

열반은 죽은 후에 실현되는 경지가 결코 아닌 것입니다. 오히려 열반은 지금 여기에서 실현해야 하는 것입니다. 그래서 경전에서는 '열반의 실현'이라는 표현을 쓰는데, '실현'이란 문자적으로는 '눈앞에 만듦' 즉 '눈앞에 드러냄'이라는 뜻으로 열반을 지금 여기에서 내 눈앞에 드러내고 현전하게 하고 실현하고 구현해야 한다는 의미입니다.

열반을 죽음과 연결지어 사용하게 된 것은 부처님이나 아라한이나 깨달은 분들의 죽음을 빠리닙바나parinibbāna, 빠리니르와나parinirvāṇa라고 불렀기 때문입니다. 마음은 이미 깨달음을 얻어 모든 고통과 번뇌가 사라진 평온함을 얻었고, 육신을 받아 이어 온 현생이 다하여 더 이상 윤회의 굴레에 빠지지 않고 완전히 벗어나 몸과 마음이 모두 평안한 열반을 얻었기 때문에 완전한 열반이라고 한 것이지요. 이것을 중국에서는 반열반般涅槃으로 음역하였습니다. 그러다 보니 중국과 우리나라에서는 조사스님들이나 큰스님들의 입적을 반열반이라 표현하게 되었고, 요즘 우리나라에서는 반열반이라는 말 대신 연로하신 스님들의 임종을 열반에 들었다고 표현하고 있습니다. 그러나 열반을 죽음 후에 얻는 경지라고 생각하면 안 됩니다.

이 열반의 자리는 청정무구의 자리이므로 마음에서 일어나는 번뇌의 불길이 사라진 상태이며, 몸뚱이에서 일어나는 욕정의 불길이 청정한 향기로 변화하는 과정을 이릅니다. 열반을 증득한다는 것은 부처가 깨달음의 자리에 올라서는 것이며, 부처님의 진리를 실천하는 의미를 표현하는 것입니다.

이 부처님의 자리가 열반 구경지究竟地의 자리이므로 번뇌의 티끌이 없고 욕심의 흔적이 없는 것입니다. 오직 바른 법에 귀의하여 바른 행을 닦아 가는 길이 열반의 길인 것입니다. 그리고 열반을 증득하는 길은 행복을 얻는 가장 쉬운 길이며, 그것을 증득하는 사람은 수행의 바른길을 가는 사람입니다. 수행의 길은 영원한 진리의 세계 속에 자아를 귀의시키는 것입니다. 진리 속의 자아는 '나'라고 하는 고정불변의 실체가 없는 (無我) 참다운 '나'이며, '나'라고 이름을 붙이지 않은 '나'로서 행함이 '참 나'의 행업이므로 고난의 길, 증득하기 힘든 길입니다.

하지만 우리가 꼭 나아가야 할 길이기도 합니다.

일체가 무상하고 제법이 무아니라

죽음을 어떻게 생각하고 어떻게 맞이할까 하는 것들은 사람마다 다릅니다. 하지만 불자佛子라면 좀 달리 봐야 하지 않겠습니까?

우선은 죽음을 끝이라고 생각하는 것부터 다시 돌아봐야 합니다. 죽음을 단순히 소멸과 종말이라고 생각할 것이 아니라 계속되는 인과관계 속에 있음을 깨달아야 합니다. 즉 죽음은 연기되어 흐르는 생멸 과정 중의 일부분이라는 것입니다. 태어남이 원인이 되어 죽음이 있고, 또 죽음이 원인이 되어 새로운 태어남이 있는 것입니다.

불교의 현실 인식에 의하면 인생의 모든 고통과 고뇌는 실제로는 변화하지 않는 것이 없음에도 불구하고, 불변의 고정된 실체가 있는 양 그런 실체를 집착하는 데서 기인합니다. 그러므로 그런 불변의 실체가 없음을 스스로 깨달아 무상을 현상 세계의 본래 모습이라고 진지하게 인식할 때 고통과 고뇌는 불식됩니다. 죽음 역시 변화의 한 과정일 뿐이며, 이런 사고를 적용하면 죽음은 유有의 단멸斷滅이 아닙니다. 태어남과 죽음이라는 극과 극을 진지하게 관찰하면, 그것은 전적으로 상반되고 고정된 실체적 현상이 아님을 알게 되는 것입니다.

그럼 죽음과 태어남, 다시 태어남과 죽음 사이에서 다음 단계로 반드시 이어지는 실체는 있는 것일까요? 예를 들어 영혼과 같은 것 말입니다. 부처님께서는 그런 것을 일체 부정하셨습니다. 그리고 제법무아諸法無我, 모든 존재에는 고정불변의 실체가 없다고 하셨습니다. '나'라고 할 것이 없으며, '내 것'이라고 집착할 만한 것도 없음을 설하셨습니다. 그럼 무엇이 있어 생멸이 계속 반복될까요? 그것은 우리의 몸뚱이, 우리의 말, 우리의 마음으로 행한, 행위의 힘, 업력業力이 씨앗이 되어 새로운 인연을 받아 육신과 정신이 생겨나 그 업에 꼭 맞는 몸과 마음이 생기는 것입니다.

축생 같은 짓을 했으면 축생으로, 천사 같은 행위를 했으면 천상에, 사람다운 일을 했으면 사람으로 새로운 생을 다시 시작하는 것입니다. 어떤 절대자가 있어서 절대자의 마음대로 천상이나 축생이나 인간계에 마음대로 배치하지 않는다는 것입니다. 자신이 지은 업의 과보로 다시 태어난다는 것이 태어남의 원인으로 가장 합당한 진리입니다. 이것이 다른 종교와는 다른 불교의 특징이라고 할 수 있겠습니다.

이처럼 매 순간 몸과 마음이 찰나생멸하며 현재는 사라져 과거가 되고 업력이 남아서 이에 대한 결과로 미래로 이어집니다. 새로 일어난 미래는 바로 지금 현재가 되고, 다시 미래를 불러오고 사라지는 것은 현재 우리의 삶의 모습을 보면 이해가 되는 것입니다. 만약 우리가 누군가에게 화를 냈을 때, 성냄이라는 업력에 의해 평온했던 몸과 마음이 부르르 흥분에 떨고, 또 격렬하게 흥분하는 매 단계마다, 새로운 몸과 마음이 생겨납니다. 물론 방금 전의 몸과 마음은 사라지고 지금 마음 상태에 맞는 몸과 마음이 한 찰나에 새로 생겨납니다.

이와 같이 몸과 마음은 매 순간 새로 만나는 조건에 의해 새로 만들어지게 되는 것입니다. 이때 그전의 몸과 마음은 물론 소멸되고 새로운 몸과 마음이 일어나는 것입니다. 우리의 몸은 60조 개의 세포로 이루어져 있다고 합니다. 이 세포는 4~7개월 동안 생명을 유지하다가 세포분열을 해서 수명이 다한 세포는 죽고 다시 새로운 세포가 태어나는데 이를 신진대사라고 부릅니다. 이처럼 우리가 죽을 때도 현생의 몸과 마음은 동시에 함께 소멸되고, 현생 동안 행했던 업력의 과보로 새로운 몸과 마음이 다시 조합되어 생기는 것입니다. 그래서 전생과 이생을 이어 주는 것은 행위로 지은 업력이지 몸의 일부분이나 마음의 일부분에 변하지 않는 그 무엇이 있어서 그대로 전해지는 것은 결코 아닙니다. 그래서 몸과 마음, 생명체 안에 변하지 않는 실체는 없다고 하는 것이 무아無我입니다.

바로, 열반을 이루기 위해서 생과 사가 둘이 아니며, 죽음과 열반이 같은 것이 아님을 제대로 알고 웰-다잉well dying이 곧 웰-빙well being임을 알아야 하는 것입니다.

죽음을 이해하면 두렵지 않다

 숨이 끊어진다는 것은 죽는다는 것을 의미합니다. 우리는 살면서 "~해서 죽겠다" "이럴 바에야 죽는 게 차라리 낫겠다."라는 말을 쉽게 합니다. 죽음 후에 대해서 진지하게 생각해 보신 적 있습니까? 어려운 상황을 만났을 때 죽는 게 낫지 싶어서 죽음을 상상해 보신 적 있습니까?

 죽으면 어떻게 되는지 실제로 경험해 본 적도 없고 누가 경험했다는 사람도 없으니까, 우리 생각에 죽음이란 단순히 숨이 '탁' 하고 끊어지면 그뿐인 것 같지만 그 과정에 우리의 신체와 영혼은 많은 일을 경험하게 됩니다. 이것은 『티베트 사자死者의 서書』에 자세히 나와 있습니다.

우리의 육체는 여러 요소로 구성되어 있습니다. 그중 가장 핵심인 네 가지, 불교에서는 사대(四大)라고 표현하는 흙의 기운(地, 질소), 물의 기운(水, 수소), 불의 기운(火, 탄소), 바람의 기운(風, 산소) 등의 성질을 지닌 요소가 기본입니다. 사대의 덩어리에 우리의 의식(識)이 깃들어 인간으로 활동을 하는 것이지요. 이 다섯 요소가 각각 분리되는 것이 육체적인 죽음입니다. 그러니 '죽는 것은 우리 자신이 아니라, 내 몸뚱이를 이루는 요소입니다.' 또 요소들은 흩어져 본래 온 곳으로 돌아갈 뿐이니 '사라지는 것은 없다. 그저 변할 뿐'이라고 할 수 있겠습니다.

이제 죽어 가는 과정, 즉 요소들이 분리되는 과정을 설명해 드리겠습니다. 이 과정들을 들으면서 한번 상상해 보십시오. 내가 죽어 가는 과정을 미리 경험해 보자는 말입니다.

죽음의 첫 단계는 흙의 기운을 가진 요소가 물의 기운을 가진 요소로부터 분리되는 것입니다. 죽어 가는 사람은 산 밑으로 끌어 당겨지는 것처럼 가라앉는 느낌을 받습니다. 밖으로 나가고 싶어지면서, 죽어 가는 사람은 산을 오르는 소리를 듣는다고 합니다. 이 느낌은 가슴에 있습니다.

그 다음은 물의 기운을 가진 요소가 불의 기운을 가진 요소로부터 분리됩니다. 죽어 가는 사람은 연기나 안개와 비슷한 환상을 보게 됩니다. 기분이 울적해지고 이제 육체의 감각을 잃어버리게 됩니다. 입과 코가 마르고 밀물에 떠밀리는 기분을 느낍니다. 이것은 익사하는 것과 비슷한 느낌일 수 있지만 '지금 물의 기운을 가진 요소가 불의 기운을 가진 요소로부터 분해되고 있다'고 느껴야 합니다.

다음은 불의 기운을 가진 요소가 바람의 기운을 가진 요소로부터 분리됩니다. 죽어 가는 사람은 불꽃 같은 환상을 경험합니다. 이 느낌은 목에 위치합니다. 죽어 가는 사람은 이제 언어 능력을 잃게 됩니다. 온기가 손발에서 가슴으로 물러납니다. 더 이상 집중할 수 없어지며, 주위의 그 누구도 알아볼 수 없게 됩니다. 모든 지각이 사라지고 자신이 불에 타는 것처럼 느껴집니다.

이제 바람의 기운을 가진 요소는 의식의 요소로부터 분리됩니다. 죽어 가는 사람은 이때 깜빡거리는 빛을 본다고 합니다. 이 느낌은 아랫부분에서 일어납니다. 아랫부분이 느슨해지면서 대소변으로 몸을 더럽힐 수도 있습니다. 죽어 가는 사람은 허리케인에 휩쓸리는 기분이 들고 호흡이 흔들리기 시작합니다.

드디어 마지막 숨을 쉬고 임상적인 죽음을 경험합니다. 하지만 의식이 육체와 분리되는 데에는 며칠이 걸릴 수도 있고, 즉시 분리될 수도 있습니다.

의식이 육체를 떠나는 과정

지금부터는 의식이 육체를 떠나는 과정입니다.

이 과정들은 매우 중요합니다. 우리가 미리 알고 마음의 준비를 하고 있다면 이 순간들을 맞이할 때 두려워하지 않게 됩니다.

의식은 먼저 백색요소로부터 분리됩니다. 백색요소란 아기가 어머니의 자궁에 착상될 때 아버지의 정자로부터 받은 것입니다. 죽어 가는 사람은 하얀 골짜기를 헤매는 것처럼 느낍니다. 눈부신 빛이 나타납니다. 도망가거나 거부하기보다는 '이는 분리되는 백색요소구나'라고 생각해야 합니다. 여기서 증오라는 개념이 사라지는데 이 기회를 인식하도록 돕습니다. 이곳이야말로 죽는 사람이 명상하기에 좋은 장소라고 할 수 있습니다.

이때 죽은 사람을 지켜보고 있는 가족들은 주의해야 할 것이 있습니다. 그 사람이 막 죽었다 해도, 그의 의식은 여전히 주위의 말을 듣습니다. 그의 마음은 대단히 예민한 상태이므로 죽은 자에 대한 불만이나 험담은 삼가는 것이 좋습니다.

그 다음 적색요소로부터 분리됩니다. 적색요소는 어머니의 난자로부터 받은 것입니다. 죽어 가는 사람은 자신이 붉은 골짜기를 헤맨다고 느낍니다. 붉은 요소는 아래에서 가슴으로 올라가는 것입니다. 우리의 마음이란 백색요소와 적색요소 사이에 얽매여 있는 것인데, 이제 두 요소 모두에서 벗어나니 마음이 사라지는 경험을 합니다. 이때 죽어 가는 사람은 '이는 적색요소가 분리되는 것이구나'라고 생각하고 두려워할 필요는 없습니다. 마음이 사라지니 욕망과 관련된 것들이 사라집니다. 이곳에는 빛나는 흑색이 있습니다. 주위의 가족들은 죽어 가는 사람에게 가능하면 신중하게 이 과정에 대해 명상하도록 격려하면 좋습니다. 무지와 관련된 번뇌와 자아 및 타아의 개념이 사라집니다.

이제 선명한 빛의 공간이 드리워집니다. 죽어 가는 사람이 깨달음 직전의 흑색요소를 인식하면 마음은 하늘처럼 넓어집니다. 그 모든 요소는 우주 공간의 요소로 분리됩니다. 만물이 우리의 인식 영역을 넘어섭니다. 하늘처럼 드넓고 무한하며 자연스럽습니다. 이때 대부분의 죽은 사람의 신체에는 일부 백색요소(신체 분비물)나 적색요소(피)가 콧구멍이나 또 다른 구멍으로 빠져나가며 이때 마음이 육체를 떠납니다.

대부분의 인간은 죽기 전 선명한 빛에서 참 본성을 인식하지 못합니다. 살아 있는 동안 인식하지 못했기 때문입니다. 대부분의 뚜렷한 빛은 순간적으로만 드러나고, 그 다음 생과의 중간 상태, 즉 죽음과 환생 사이에서 일어납니다.

지금까지 말씀드린 과정을 명상을 통해 체험해 보시라고 권하고 싶습니다. 그것은 바로 죽음을 이해하는 과정이며, 생로병사가 끝없이 되풀이되는 윤회의 괴로움과 두려움에서 벗어나는 길이기 때문입니다.

윤회의 괴로움과 두려움에서 벗어나기 위해서는 먼저 아셔야 될 것이 있습니다. 첫 번째가 나는 반드시 죽는다는 사실입니다. 인간으로 태어나 이 세상에 오면 반드시 죽는다는 것은 평범한 진리입니다. 그것을 우리의 삶의 한 단계로 그대로 받아들이십시오.

다음으로는 죽음이 언제 닥쳐올지 아무도 모른다는 것입니다. 이것은 교과서에 나오는 우리나라 향가鄕歌 중 가장 서정성이 높은 월명사月明師의 〈제망매가祭亡妹歌〉에서 살펴볼 수 있습니다.

"삶과 죽음의 길은 여기 이승에 있음에 두려워하며, 누이가 '나는 간다'고 말도 못 다 이르고 갔는가? 어느 가을 이른 바람에 여기저기에 떨어지는 나뭇잎처럼, 같은 나뭇가지(한 어버이)에서 나고서도 네가 가는 곳을 모르겠구나. 아아, 극락세계에서 만나 볼 나는 불도佛道를 닦으며 기다리겠노라."

마지막으로 죽음의 길을 가는데 가지고 갈 수 없는 노잣돈과 가지고 갈 수 있는 노잣돈이 있다는 것입니다. 우리가 그토록 소중히 여기는 우리의 몸뚱이, 자식, 재산, 명예 이런 것들은 결코 저승길로 짊어지고 갈 수 없습니다. 그러나 남에게 따스한 마음으로 베풀었던 아주 작은 자비로운 마음, 스님의 법문을 듣고 감동하여 나도 스님처럼 도를 닦아야겠다고 잠깐 생각했던 찰나의 순간, 부처님 앞에 서서 간절히 염원하며 올렸던 절 한 자리 등 이러한 선업은 얼마든지 짊어지고 갈 수 있습니다. 그러한 선업은 몸뚱이가 없어지고 의식이 혼미해져 가는 저승길에서도 부처님께서 어서 빨리 극락으로 오라는 먼 외침과 손길을 또렷하게 보고 들어 반드시 여러분이 바라는 좋은 곳에 다시 태어날 수 있게 해 줄 것입니다.

죽음의 과정을 인지하자

죽은 사람은 처음에는 자신이 죽었음을 깨닫기가 대단히 힘듭니다. 집 주위를 맴돌지만, 아무도 그들을 보지 못할 것입니다. 사랑하는 사람에게 말을 걸어 보려 해도 사랑하는 이는 그를 볼 수 없습니다. 죽은 영가는 외로움과 상실감을 느끼며 편히 쉴 은신처를 간절히 찾게 될 것입니다.

이 죽은 영가는 에너지로 이루어진 몸을 갖고 있지만 무상한 것입니다. 〈사랑과 영혼〉이라는 영화 보셨습니까? 거기에서 남자 주인공은 죽었지만 신체가 있는 것 같아 보이지요? 하지만 귀신들이나 영매를 제외하고는 아무도 그를 알아보지 못합니다. 그가 가지고 있는 신체가 바로 에너지로 이루어진 것입니다. 대부분의 사람들은 이러한 중간 상태에서 49일을 보내지만, 그 업이 얼마나 무르익었느냐에 따라 그 시간이 더 길 수도, 짧을 수도 있습니다. 세상에 대한 집착이 많으면 그만큼 길 것입니다.

이렇게 죽음과 다음 생의 사이에 있는 존재를 중음신中陰身 혹은 중유신中有身이라고 합니다. 중음신들은 무척 혼란스럽습니다. 이들은 어디로 가야 하는지 알지 못하며, 남은 습관대로 배가 고프지만 먹을 수 없습니다. 그저 음식의 향기만 맡을 뿐입니다. 영가는 어떤 곳을 생각만 하면 그곳에 가 있습니다. 신체가 외부 세계에 영향을 받지 않기 때문이겠지요.

죽은 지 49일 동안에 가족과 친구들이 어떻게 행동하느냐가 중음신들에게 큰 영향을 미칩니다. 친지들이 죽은 자를 위해 차분하고 긍정적인 마음을 가지고 행동하면 그들과 공유하는 의념과 업보의 사슬 때문에 도움이 됩니다. 또한 위대한 스승이나 수행자들이 그들을 위해 간절히 서원하거나 죽기 직전에 한 생각이라도 믿음을 갖고 있었다면 더욱 도움이 될 것입니다. 마음을 잡지 못하는 중음신들에게는 유일한 위안이라고 할 수 있겠습니다.

  49일이 다 될 무렵에 다양한 존재의 영역이 중음신에게 희미하게 드러날 것입니다. 올바른 영역을 선택하는 것이 중요합니다. 다음 생을 받을 장소이기 때문입니다. 중음신은 자신이 다음에 태어날 곳을 상상할 수 있습니다. 자신의 과거 업으로 인해 받는 것이지만 마음가짐을 좋게 먹고 그 생에 충실할 것을 다짐해야 합니다. 그 생에서의 삶이 그 다음의 생도 결정하기 때문입니다.

  이렇듯 사는 것만큼이나 죽는 것도 복잡하다는 말씀을 드리고 싶습니다. 새로 태어나는 것도 어렵지요. 우리는 업의 법칙, 인과응보의 법칙 속에 살고 있습니다. 아마도 때때로 죽는 과정을 상상한다면 매일매일이 새롭지 않을까 생각합니다.

죽은 다음에는 어디로 가는가

 사람이 죽으면 49일 동안 중음신의 형태로 구천을 떠돌다가 다른 몸을 받고 다시 태어납니다. 다시 태어난다고 하니까 단순히 다른 나라에 다른 모습의 인간으로 태어난다고 생각하기 쉽지만 인간으로 태어나지 못할 수도 있습니다. 불교에서 볼 때 세계는 크게 10단계가 있습니다. 지옥세계, 아귀세계, 축생세계, 아수라세계, 인간세계, 천상세계, 성문승세계, 연각승세계, 보살세계, 부처님세계입니다. 마지막 네 가지 세계는 그냥 우리처럼 대충 살다가 죽으면 못 갑니다. 끊임없이 수행하고 깨달음을 얻어야 갈 수 있는 세계입니다. 앞의 여섯 가지 세계가 우리가 죽으면 그 업의 경중에 따라 태어나게 될 세계입니다. 전생·금생·내생을 끊임없이 되풀이하기 때문에 불교에서는 이를 육도윤회六道輪廻라고 합니다.

먼저 지옥세계에 대해 설명해 드리겠습니다. 불교 경전에는 수백 가지의 지옥이 나옵니다. 고통의 종류와 크기에 따라 여러 가지가 있는데 우리가 지은 죄의 종류와 크기를 가려서 보내지는 겁니다. 어떤 지옥이든지 가게 되면 그 고통은 이루 말할 수 없을 만큼 심합니다. 대표적인 예를 들자면, 팔한지옥과 팔열지옥이 있습니다. 여덟 가지 춥고 배고픈 지옥과 여덟 가지 뜨거운 지옥이라는 말이지요.

무간지옥이라고 들어 보셨을 것입니다. 고통이 잠시도 멈추지 않는다는 뜻인데 팔대지옥 가운데에서도 그 규모가 가장 크고, 겪는 고통 또한 가장 심합니다. 가장 무서운 곳으로 하루에 8만 4천 번을 나고 죽으면서 한량없는 겁을 지내기도 한다고 합니다. 아버지를 죽이거나 어머니를 죽이는 것, 아라한阿羅漢을 죽이는 것과 부처님의 몸에 피가 나게 하는 것, 화합중和合衆인 승단을 파괴하는 것 등인 오역죄五逆罪를 짓거나, 상품의 십악十惡을 지은 자들이 가는 지옥입니다. 십악은 살생殺生, 투도偸盜, 사음邪淫과 망어妄語, 기어綺語, 악구惡口, 양설兩舌과 탐심貪心, 진심瞋心, 치심癡心 등을 말합니다. 이곳에는 필바라침必波羅鍼이라고 하는 악풍惡風이 부는데 온몸을 바짝 건조시키고 피까지 말려 버립니다. 또한 살가죽을 벗겨서 이글거리는 불꽃과 펄펄 끓는 쇳물에 집어넣어 온몸을 불태우고 쇠로 만든 매(鷹)가 날아와서 눈알을 파먹는 등 인간으로서는 상상도 할 수 없는 고통이 쉴 사이 없이 이어집니다. 그뿐만이 아니고 고통을 받는 사이사이에 염라대왕의 꾸짖음을 받으므로 이 지옥의 이름만 들어도 사람들은 무섭고 놀라서 까무러친다고 합니다. 무간지옥의 고통은 다른 지옥보다 열 배나 더하다고 하지요. 무간지옥을 무간나락無間奈落 또는 아비지옥阿鼻地獄이라고도 하는데, 고통 속에 울부짖는다는 아비규환阿鼻叫喚이라는 말도 지옥세계에서 나온 것입니다.

이런 고통이 상상이 되십니까? 그 다음에 있는 아귀세계는 굶주림의 세계입니다. 아귀다툼이라는 말을 들어 보셨을 겁니다. 아귀의 몸뚱이는 태백산보다도 큰데 목구멍이 바늘구멍보다 더 작답니다. 그 작은 목구멍으로 큰 배를 채우려니 얼마나 허기가 지겠습니까? 그런데 먹을 것이 들어오면 입속의 음식이 불에 타 버립니다. 그래서 먹어도 먹어도 배가 고픈 굶주림의 세계랍니다. 지옥 다음으로 괴로운 세계입니다. 그 세계는 혼자만 잘 먹고 베풀지 않고, 헐벗고 굶주린 사람 돌보지 않고, 남의 재산을 착취하고 빼앗아 오고, 자기만 잘 먹고 잘살기 위해서 온갖 악행을 저지르고, 탐욕을 부린 사람들이 가는 곳입니다. 그런 배고프고 기나긴 고통을 받아야 하는 세계가 아귀세계입니다.

그 다음에 축생세계가 있는데, 이곳은 짐승의 세계입니다. 우리가 보는 짐승들로 태어나는 것이지요. 감각적이고, 쾌락적이고 극히 1차원적인 생활을 하는 세계가 축생세계입니다. 먹고 자고 생식하고, 이런 것밖에 없는 것이 축생이 하는 일입니다. 축생세계는 자기의 의지대로 살 수가 없습니다. 가축들을 보세요. 인간이 고기가 필요해서 죽이면 힘없이 죽어야 하고 새끼와 생이별을 해도 거부할 힘이 없습니다. 말이나 소는 평생 일만 하잖아요. 아프리카의 동물로 태어났다면 치열한 약육강식의 세계에서 편히 물도 제대로 못 마십니다. 살아생전에 쾌락만 일삼고 술 먹고 놀고 춤추고 향락적인 생활만 일삼고, 그리고 무지한 생활, 지적인 생활이 없는, 마음 닦고 수행하고 두뇌 계발을 위해 노력하지 않고서 순전히 감각적이고 쾌락적이고 향략적인 생활, 먹고 입고 자고 짐승과 비슷한 생활을 즐긴 사람들이 축생세계에 태어납니다.

그 다음에 또 다른 세계가 있는데, 그 세계는 아수라의 세계입니다. 아수라장이라고 들어 보셨을 겁니다. 아수라세계는 질서가 없고 윤리 도덕이 없고 깡패들 힘겨루기처럼 서로 죽이고 싸우고 난장판 같은 세계입니다. 자식이 부모를 공격하고 부모가 자식을 버리고 동기간에 싸우고 동네 사람끼리 싸우고 전쟁 나가서 싸우고, 이렇게 싸우는 세계를 아수라세계라고 합니다. 아수라세계는 동기간에, 친척 간에 화합하지 않고 조그만 이익을 두고 다투고 미워하고 이웃 간에 서로 다투고 시기하고 질투하는 생활을 많이 한 사람, 도무지 화합을 모르고 모략중상을 일삼으며 자기 기분만 내세우고 자기만 잘난 것처럼 주장하면서 이웃을 돌보지 않고 무시해 버리고 사는 사람, 그런 사람들이 다음 생에 가는 곳입니다.

그 다음에 아수라세계를 벗어나면 인간세계가 있습니다. 인간세계는 우리가 살고 있는 세계입니다. 젊은 사람은 더 살아 봐야겠지만 나이 많도록 살아 보신 분은 느꼈을 것입니다. 괴로움도 반절이고 즐거움도 반절입니다. 인간세계는 고락이 반반 섞여 있는 세계입니다. 삶의 방식에 따라 조금씩 차이가 있겠지만, 그냥 감각적이고 쾌락적인 생활을 하는 사람은 괴로움이 훨씬 더 많고 즐거움은 조금밖에 없는 세계가 인간세계입니다.

그런데 다행스럽게도 인간에게는 지각이라는 능력이 조금

있어서 인간세계보다 더 나은 세계로 나아갈 수 있는 수행이나 지적인 활동, 이런 것들을 해 나갈 수 있는 의지작용이 있습니다. 축생은 그런 생각을 못하는데 인간은 생각할 수 있는 머리를 갖고 있단 말입니다. 그래서 만물 가운데 영장이라고 하는데 '아, 잘 살아야겠구나! 훌륭하게 살아야겠구나! 내 몸을 바꿔야겠구나! 수행해서 나쁜 짓 안 해야겠구나!' 그런 생각을 자꾸 하면서 좋게 살려고 노력을 하는 그 자체가 바로 인간의 뛰어난 본성이라는 것입니다. 그래서 인간세계에서 자칫 잘못하여 짐승과 같은 생활을 하면 다시 축생으로 떨어지고, 수행하고 마음을 닦으면 상향 조정되어 천상으로 올라가고 성문·연각으로 가는 것입니다. 대충 한평생 살다 가면 영원히 윤회를 반복할 수밖에 없습니다. 인간세계에 태어난 것은 성문·연각이 될 소중한 기회이니 헛되이 보내서는 안 될 것입니다.

인간세계보다 조금 나은 세계가 있는데, 이 세계를 천상이라고 합니다. 천상세계는 참 행복한 세계입니다. 인간세계보다 몇 배 살기도 편안하고 불편한 것이 거의 없습니다. 그래서 죽으면 천상에 가고자 발원합니다. 천상세계는 착한 일을 많이 하면 가는 곳입니다. 불교를 믿거나 안 믿거나 기독교를 믿거나 안 믿거나 아무것도 안 믿은 사람도 착한 일을 많이 하면 천상에 가는 것입니다.

천상세계에 가면 아주 행복하고 좋은데, 한 가지 해결 안 되는 문제가 있습니다. 천상세계에는 제석천왕, 알라신, 여호와신, 브라흐만신, 비쉬누신 등 여러 신이 있습니다. 그 신들은 자기 소유욕이 남아 있어 사람들을 자기 편으로 만들려는 분별심이 강합니다. 편견과 아집이지요. 그러니 신들은 서로 가지려고 투쟁을 하고 이것이 전쟁이 되기도 합니다. 중동지역의 전쟁이 그 대표적인 예가 되겠습니다. 2천 년 동안을 싸우면서 우리 인간 사이를 분열시키고 있습니다.

천상에서도 싸우고 나쁜 짓 많이 하면서 자기의 신을 주장하고, 자기의 영역을 주장하고 상대방을 미워하고 싸우고 죽이는 악업이 계속됩니다. 그래서 그대로 지옥에 또 떨어지고 천상세계에 갔다가도 다시 아수라세계에 떨어진단 말입니다. 그래서 지옥, 아귀, 축생, 아수라, 인간, 천상, 이것을 불교에서는 육도윤회를 한다고 합니다.

인간세계나 천상세계에 태어났다고 좋아하며 안심할 수는 없습니다. 육도의 세계는 언제든지 잘못하면 악도로 추락할 수 있기 때문입니다. 우리가 정말 나쁜 마음으로 죄를 짓는 것이 아니라는 점 잘 알고 계실 겁니다. 육도의 범위 안에 있는 한 얼마든지 죄를 지을 수 있고 언제라도 지옥에 갈 수 있습니다. 그러면 착한 일을 많이 해서 인간이나 천상에 태어나려고 노력하겠지요.

그 노력을 조금만 더 해서 성문, 연각, 보살, 부처님이 되어 보겠다고 다짐해 보면 어떻겠습니까? 이들 세계에 들어가면 죄를 지을 일이 없습니다. 마음에서 죄가 될 만한 욕구가 전혀 일어나지 않기 때문이지요. 꼭 출가수행을 하라는 것이 아니라 생활에서 부처인 것처럼, 보살인 것처럼 하고 살아도 됩니다. 물론 출가해서 수행하는 것보다 빠르진 않겠지만 이번 생에서 5퍼센트 정도 쌓고 다음 생에 또 5퍼센트 정도 쌓고 하면 오래 걸리더라도 갈 수 있습니다. 포기하지 말고 상황이 되는 한에서 열심히 정진하십시오.

삼업이 청정하면 곧 부처

수지자신죄장須知自身罪障이 유여산해猶如山海하고
수지이참사참須知理懺事懺으로 가이소제可以消除하며
심관능례소례深觀能禮所禮가 개종진성연기皆從眞性緣起하고
심신감응불허深信感應不虛하야 영향상종影響相從이라

자신이 지은 업장이 산과 바다와 같이 높고 크고 깊음을 알고 마음과 행동으로 참회하여 가히 업장을 소멸할 수 있음을 알며 나와 부처가 둘이 아닌 진성연기이나 다르게 나툰 것임을 깊이 관찰하고 중생과 부처가 하나로 감응함이 허망하지 않아 마치 그림자나 메아리가 따르는 것처럼 깊이 믿어라.

이 게송은 보조국사 지눌 스님의 『계초심학인문』에 나오는 것입니다. 불교에 처음으로 마음을 일으킨 사람에게 주는 글로, 스님이 되면 제일 먼저 읽고 외우는 글입니다. 여기에는 중생과 부처가 본래 하나임을 믿고 자신의 업장을 소멸시키는 데에 힘쓰면 반드시 부처가 될 것이라는 뜻이 들어 있습니다. 자세히 보시면 능례能禮는 예를 올리는 주체인 중생이고, 소례所禮는 예를 받는 대상인 부처님입니다. 예를 올리는 중생과 예배를 받는 부처님이 다 진여법성眞如法性 하나에서 연기한 것인 줄을 바르게 관찰하라는 겁니다. 그래서 부처와 중생은 불이不二이니, 하나는 이미 이룬 부처이고 다른 하나는 아직 이루지 않은 부처일 뿐 진여법성에서는 털끝만큼의 차이가 없다는 것을 깊이 관하라는 것입니다. 또한 나의 정성이 부처님께 전달되는 것을 감感이라 하고 거기에서 반드시 불보살님의 가피력加被力이라는 반응이 나타난다는 것을 응應이라 합니다. 이것은 마치 산골짜기에서 큰 소리로 외치면 반드시 메아리가 되어 되돌아오고, 물체가 있으면 반드시 그림자가 생기는 것과 똑같다는 이치로 부처님과 나는 하나임을 깊이 믿으라는 보조국사의 가르침입니다.

중생과 부처가 본래 하나인데 우리는 왜 부처가 되려고 합니까? 부처가 되면 행복해서입니까? 물론 부처님은 지고의 행복을 누리십니다. 하지만 여러분이 원하는 행복과 부처의 행복은 다릅니다. 부처님은 여러분이 이 사바세계에서 그렇게 누리고 싶어 하는 부와 명예, 영원한 삶 같은 것을 바라지 않습니다. 즉 욕망 자체가 없습니다. 그러니 그것을 못 가져서 불행한 사람처럼 느낄 필요가 전혀 없습니다.

그러면 다시 묻겠습니다. 우리는 왜 부처가 되려고 합니까? 중생인 채로 남아 있는 것이 괴롭기 때문입니다. 중생과 부처의 가장 큰 차이는 윤회입니다. 중생은 죽고 또 태어납니다. 지금 생에서 행복하다고 끝이 아닙니다. 다음 생에는 가난하고 병들게 태어날 수도 있고 짐승이나 아니면 지옥세계에서 고통받을 수도 있습니다. 이 굴레에서 벗어나기 위해 부처가 되려는 것이고 석가모니부처님이 오신 이유도 인간을 윤회로부터 해방시키고자 하신 겁니다.

자, 초점을 바꾸겠습니다. 중생의 삶은 불행하고 괴로운 것입니다. 이유는 육도윤회의 굴레에서 벗어나지 못하기 때문입니다. 그러면 그 굴레에서 벗어나지 못하는 이유는 무엇입니까? 왜 부처가 아니고 중생의 몸을 받았습니까? 결론부터 말씀드리면 우리가 중생세계에 살면서 끊임없이 업을 짓기 때문입니다.

우리가 지은 행위는 모두 남아 있다

우리가 부처가 되지 못하게 가로막는 장애물이 바로 우리가 행한 업들입니다. 그래서 업장業障이라고 합니다. 사람에게는 태어나서 알게 모르게 지어 온 업장이 있습니다. 이 업장이 우리를 육도의 굴레에서 벗어나지 못하게 하는 원동력입니다.

사람은 죽으면 혼만 빠져나와서 자기가 가야 할 길을 결정해서 갑니다. 죽어서 49일 동안 구천을 떠돌면서 살아생전에 지은 자신의 업보따리가 분석되는 것입니다. 죄는 얼마나 지었고 좋은 일은 얼마나 했는가, 숨겨진 죄는 얼마고 드러난 죄는 얼마인가, 그렇게 분석을 하는 것입니다. 참회한 죄는 죄가 아닙니다. 하지만 참회하지 않고 회개하지 않고 숨겨둔 죄는 온전한 죄이고 업 덩어리입니다. 자신이 아무리 숨기려 해도 숨길 수가 없습니다.

비행기가 떠 있다가 떨어져서 박살 나 버렸을 때, 비행기 사고를 분석하려면 제일 먼저 블랙박스를 찾습니다. 사고가 났을 때 이 블랙박스를 수거해 분석하면 사고 원인을 알 수 있는 것처럼, 사람의 육신이 죽어서 깨어지게 되면 딱 하나 업창고라는 것이 남습니다. 이것이 제8아뢰야식입니다. 그것을 분석하면 숨겨 둔 죄업이나 착한 일까지 모두 드러나게 되어 있습니다. 그래서 그 죄의 경중에 따라서 육도의 한 곳으로 가게 되는 것입니다.

업장이 아주 무거운 사람은 산과 바다와 같이 아주 높고 깊으며, 반면에 마음을 잘 닦아 온 사람은 그보다 작습니다. 그러나 이 헤아릴 수 없는 업장이 내가 해탈의 길로 들어서는 데 커다란 장애가 됩니다. 우리가 이 장애물을 없애야만 무거운 굴레에서 벗어나 수행을 쌓아서 성불할 수 있는 것입니다. 온갖 무거운 죄업의 업장을 등에 지고 죽으면 다음 생에도 내 등에 지어져 있습니다. 지금 노력해서 조금이라도 무거운 죄업을 연소하고 떠납시다.

몸으로, 입으로, 마음으로 업을 지으니

우선 업의 종류에 대해 말씀드리겠습니다. 적군을 알아야 백전백승하지 않겠습니까?

불교에서는 이러한 삶에 고난이 따르는 원인을 신구의身口意 삼업三業에서 찾고 있습니다. 업이란 산스끄리뜨어 까르마karma, 빨리어 깜마kamma의 번역이며, 행위를 말합니다. 그러면 행위 자체를 나쁜 의미로 이해하는가 하면 그것은 결코 아닙니다. 우리가 몸으로 입으로 마음으로 짓는 행위들을 삼업이라고 하는 것입니다. 신구의 삼업을 나쁘게 쓰면 아주 나쁜 행위인 악업이 되고 우리가 의도하지 않았는데 나쁘게 될 수도 있습니다. 농담으로 한 말이 진실처럼 소문이 돌아 다른 사람을 곤란하게 하는 경우가 그것이지요. 그래서 업의 크기에 경중輕重이 있는 것입니다.

신업身業은 몸으로 짓는 업을 말합니다. 신업에 미혹하면 자신의 몸이 천년만년 내 것인 것으로 착각하거나, 자신의 몸이 전지전능하다고 착각하여 자신의 몸의 노예가 되어서 사는 것입니다. 그래서 몸이 편하게 해 달라고 하면 향락을 즐기러 가고, 몸이 호화롭고 싶다고 하면 수단과 방법을 가리지 않고 자신의 몸을 치장합니다. 이러한 일들이 모두 자신의 몸의 노예가 된 것입니다. 이것은 결국 탐욕으로 이어지게 됩니다. 욕심이 왜 생깁니까? 내 몸을 편히 살게 하고 싶기 때문에 남의 것이라도 탐내는 것입니다. 이러한 행동이 문제가 되고 여기에서 죄가 형성되는 것입니다.

구업口業은 입으로 짓는 업을 말합니다. 구업에 미혹하면 몸의 욕구를 충족시키기 위한 도구로서 입을 사용하기도 하고, 단순히 쾌락을 위해 사용하기도 합니다. 내 몸의 불만을 입으로 표현하고, 상대방을 비난하여 곤란하게 만들기도 합니다.

또 내 몸의 안위를 위해 세 치 혀에 독을 묻혀서 다른 사람에게 독화살과도 같은 말을 내뱉어 마음에 상처를 입히기도 합니다. 물질적인 이득을 위해 사기를 친다든지, 꼭 물질적인 이득이 따르지 않더라도 단순히 악한 마음 때문에 그것을 즐기려고 거짓말을 하는 것입니다. 이러한 모든 것을 구업이라고 합니다.

마지막 의업意業은 쉽게 말해 마음속에 있는 중생심입니다. 의업에 미혹하면 몸의 노예가 되며, 입도 나쁜 일을 하기 위하여 동원되고, 또한 생각도 악한 쪽으로만 하게 됩니다. 즉 몸과 입으로 행동하지 않아도 마음으로 나쁜 생각을 한다는 것입니다. 자신에게 상처 준 이를 저주한다든지, 누군가를 죽이고 싶다는 증오심을 낸다든지 하는 것들 말입니다. 불교에서는 마음을 먹어야 행동으로 옮긴다고 생각하기 때문에 마음먹은 순간부터가 이미 업을 짓고 있는 것입니다. 따라서 삼업 중에 가장 크고 나쁜 것이 이 의업이라고 할 수 있겠습니다.

신구의 삼업에 얽매이면 삶 자체가 죄를 짓는 생활의 반복일 수밖에 없습니다. 이런 모습으로 우리가 어떻게 성불할 수 있겠습니까? 이런 모습으로 어떻게 해탈을 기약할 수 있겠습니까? 몸, 입, 마음을 항상 경계해야 합니다.

죄라는 것은 아주 무거운 굴레입니다. 죄에 상응한 대가를 벌이라고 합니다. 어떤 병고에 시달리거나 사업에 실패하거나 계획하고 있는 일이 실패하거나 동기간에 우애가 깨지거나 하는 등의 삶에 있어서 결정적인 장애요인이 업보에 상응하는 벌입니다. 왜 삶이 순탄하지 않고 세상에 어려움이 많이 있을까요? 왜 살아가는 데에 고난이 따르는 것일까요? 이것은 부처님이 여러분에게 준 것이 아닙니다. 여러분이 과거와 현재에 지은 업 때문에 그런 것입니다.

이러한 업장을 털고 가기 위해서는 신구의 삼업, 내 몸과 입과 마음을 청정하게 만들어야 합니다. 몸과 입과 마음이 청정해야만 성불과 해탈을 기약할 수 있는 것입니다. 이를 위해서 수많은 계율이 있는 것입니다.

선하고 악한 행위는 육도윤회에만 국한되는 것도 아닙니다. 선한 행위와 악한 행위가 인간을 천하게도 성스럽게도 만듭니다.

그러니 우리 모두 '내 마음 깨우쳐서 내가 주인공이 되고 내가 창조주가 되고 내 본래의 모습을 찾아가자' 그런 깨우침의 세계로 우리가 가야 한다는 말입니다. 그러기 위해서는 '내 본성과 내 실상이 무엇인가'에 대해, 또 '나는 어디서 왔다가 어디로 가는 것인가', '내 마음을 일으키는 주인공이 누구인가' 이런 것들에 대해 앞으로 마음공부를 열심히 하시기 바랍니다.

천국과 지옥을 체험한 장수

천국이나 지옥은 어떤 곳입니까? 생전에 착한 일 많이 하고 성실하게 살면 죽어서 천국이라는 낙원에서 살게 되고, 생전에 나쁜 일 많이 하면 죽어서 펄펄 끓는 쇳물 속에서 죽을 고생을 하는 지옥에 살게 되는 것입니까? 서울 시내에 빨간 십자가를 어깨에 메고 '예수천국 불신佛信지옥'이라 외치는 광신도의 말처럼 하나님을 믿으면 천국에 가고 부처님을 믿으면 지옥에 가는 것입니까? 그런데 그곳에 어떻게 가게 되든 죽은 다음에 있는 일인데 왜 그렇게 심각한 문제가 되는 것입니까? 천국이나 지옥이 있기는 한 것 같습니까?

불교에서는 삼천대천세계를 말합니다. 지금 우리가 살고 있는 이 세계 외에도 수많은 세계가 존재한다는 것입니다. 이것은 과학적으로도 입증된 것입니다. 지구 외에 화성이나 목성과 같은 다른 행성이 존재하고 있으며 이들을 태양계라고 부릅니다. 그런데 우리 태양계 외에도 수억 개의 은하계가 더 존재한다고 하니 천국과 지옥이 그 수억 개의 행성 가운데 하나로 존재할지도 모르겠네요.

그렇다면 우리는 천국과 지옥이 어디에 있는지 현실적으로 생각해 봅시다. 이 주제에 관한 일화 하나가 있습니다.

한 장수가 있었습니다. 이 장수는 크고 작은 전쟁에서 수많은 공적을 쌓았습니다. 전쟁은 그 수가 많든 적든 살생을 하니, 이 장수 역시 많은 살생을 했습니다. 더군다나 그는 성격이 포악하고 지는 것을 싫어하는 사람이었기 때문에 적군은 물론 아군들조차도 그를 두려워했습니다.

하지만 어느덧 나이가 들어 장수로서의 높은 관직에 있어도 '허무'라는 놈이 찾아와서 죽음에 대해 심각하게 생각을 하기 시작했지요. 자신의 지난날을 돌아보니 수많은 살생과 악행이 떠올랐습니다. 마음 깊은 곳에서 죄책감과 함께 '내가 이렇게 많은 악행을 저질렀으니 죽으면 지옥에 가게 되겠구나'라고 생각했습니다. 그런데 그때 '지옥이라는 곳은 어디에 있을까? 지옥과 천국은 어디에 존재하는 세계일까?'라는 의문이 일어났습니다.

그는 이 의문에 대한 답을 얻고 싶어 부하들을 거느리고 아주 거만한 모습으로 당시의 고승을 찾아갔습니다.

장수는 궁금증이 일어난 것을 빨리 해결하고 싶었기 때문에 스님을 뵙자마자 다짜고짜 물었습니다.

"스님, 천국이나 지옥은 어디에 있습니까?"

그러자 스님이 심드렁하게 장수를 한번 힐끗 보고는 혼잣말로 말했습니다.

"요즘 장수들은 하나같이 멍청하단 말이야."

모든 사람이 자신을 보면 두려움에 벌벌 떠는데 이런 황당한 대접을 받자 장수는 큰 충격을 받았습니다. 장수는 점점 치밀어 오르는 화를 겨우 누르며 소리쳤습니다.

"천국이나 지옥이 어디 있는가를 물었는데 왜 다른 말을 하시오?"

스님은 이번에도 한심하다는 표정으로 말했습니다.

"저런 바보가 장군이라고…… 아이고 한심스럽구나."

결국 장수의 분노가 폭발했습니다. 조금의 흔들림도 없는 스님 앞에서 장수는 혼자 화를 내다 제 분에 못 이겨 마침내 칼까지 빼 들고 말았습니다.

"내가 이 땡중을 죽이고야 말겠다!"

칼을 스님 목에 내려치려는 순간, 스님이 큰 소리로 이렇게 말했습니다.

"바로 지금 자네의 마음이 지옥일세."

이 말을 듣자 장수는 무언가로 뒤통수를 맞은 것처럼 머리가 멍해지고 불같이 끓어오르던 마음이 순식간에 탁 내려앉았습니다. 큰 깨우침이 온 것입니다. 장수는 무릎을 꿇고 참회하고 스님의 가르침에 감사했습니다. 그러자 스님이 이렇게 말했습니다.

"지금 자네의 마음이 곧 천국이네."

제가 드리고자 하는 말을 아시겠습니까? 천국이나 지옥은 어디 멀리 있는 것이 아니고 바로 우리의 마음에 있다는 것입니다. 순간의 분노를 이기지 못하고 살생을 저지르려고 하는 악한 마음이 바로 지옥이고, 그것이 잘못된 것을 알고 뉘우치고 착한 마음으로 참회하면 천국이라는 것입니다. 결국 천국과 지옥이 마음 안에 있습니다.

괴로움도 즐거움도 바로 우리의 마음입니다. 바꾸어 말하면 우리를 지옥에 살도록 하는 것도 천국에 살도록 하는 것도 바로 이 마음이 꾸미는 일이라는 말입니다. 그리고 오직 이 마음을 움직이는 것, 천국에서 지옥으로, 지옥에서 천국으로 오가도록 하는 것은 다른 누구도 아닌 자신이라는 것을 꼭 명심해야겠습니다.

마지막으로 백운 스님의 무심가를 감상해 보십시오.

무심가無心歌

백운담白雲澹 출몰어대허지중出沒於大虛之中
유수잔원流水潺湲 동주어대해지심東注於大海之心

깨끗한 흰구름은
허공에 일었다 사라졌다 하고
잔잔히 흐르는 물은
동쪽의 큰 바다 한복판으로 흐른다.

수야우곡우직水也遇曲遇直 무피무차無彼無此
운야자권자서雲也自卷自舒 하친하소何親何疎

물은 굽은 곳이나 곧은 곳을 흘러도
너도 없고 나도 없으며
구름은 스스로 뭉치고 스스로 흩어져도

친함도 소원함도 없네.

만물본한萬物本閑 부언아청아황不言我靑我黃
유인자료惟人自鬧 강생시호시추强生是好是醜

만물은 본래부터 고요하여
나는 푸르거나 누렇다고 말하지 않네
사람들이 스스로 시끄럽게
좋으니 나쁘니 하는 마음을 내는구나.

촉경심여운수의觸境心如雲水意 재세종횡유하사在世縱橫有何事
약인심부강명若人心不强名 호추종하이기好醜從何而起

경계에 부딪혀도 마음이 구름이나 물 같으면
세상에 살더라도 무슨 거리낌이 있으랴
사람 마음에 억지로 이름 짓지 않으면
좋고 나쁨이 무얼 좇아 일어나리오.

우인망경부망심愚人忘境不忘心 지자망심부망경智者忘心不忘境
망심경자적忘心境自寂 경적심자여境寂心自如

부시지위무심진종夫是之謂無心眞宗

어리석은 사람은 경계를 버리되 마음은 비우지 않고
지혜로운 사람은 마음을 비우되 경계는 버리지 않네.
마음을 비우면 경계는 저절로 고요해지고
경계가 고요해지면 마음은 저절로 여여해지리니
이것을 무심진종이라 하느니라.

행복과 불행의 열쇠

우리는 복을 비는 것이 종교 행위의 전부라고 생각하는 경우가 많습니다. 기복祈福이라는 것은 복을 내려 주기를 비는 행위로 행복을 놓치는 행위라고 말씀드리고 싶습니다. 행복을 결정짓는 주체는 자신인데, 왜 그 행복의 결정권을 남에게 주고 그 행복을 내려 주기만을 앉아서 기다립니까? 감나무 밑에서 감이 떨어지기를 기다리는 사람의 모습이 얼마나 어리석고 답답한 일인지 한번 상상해 보십시오. 자신의 행복은 자기가 얻어 내야 하는 것입니다. 그것이 불교를 바로 믿는 사람의 자세라고 할 수 있겠습니다.

경전에서 나오는 설법의 목적을 살펴보면 이해할 수 있습니다. 부처님께서는 다섯 비구와 야사와 야사의 친구 55명 등 60

명의 수행자를 제자로 삼아 진리를 가르쳐 깨달음을 얻게 하셨습니다. 또 그 아들을 찾으러 왔던 야사의 부모도 부처님의 설법을 듣고, 부처님께 귀의하여 우바새(남신도)·우바이(여신도)가 되었습니다. 이때부터 부처님(佛寶)과 부처님의 가르침(法寶)과 부처님을 믿고 따르는 제자(僧寶), 즉 불·법·승의 삼보三寶가 성립된 것입니다. 부처님께서는 비구들에게 여러 지방으로 가서 세상 사람들에게 이 가르침을 전할 것을 이렇게 권유하셨습니다.

"자! 전도를 떠나라. 많은 사람의 이익과 안락과 행복을 위하여, 세상을 불쌍히 여기고 인천人天의 이익과 행복과 안락을 위하여, 두 사람이 한길을 가지 마라."

이렇게 최초로 전법을 명하는 전도傳道 선언이 나옵니다. 이른바 불교의 시작입니다.

부처님께서 많은 사람의 행복과 안락을 위해 설법하라고 하신 것은, 결국 진리를 설하는 것은 반드시 안녕과 행복을 위한 것임을 강조한 것이라고 볼 수 있습니다.

바나나를 한아름 안은 원숭이가 외나무다리를 건넙니다. 이미 양팔엔 바나나를 한아름 가득 안고 앞이 보이지 않을 정도지만 바로 그 순간에도 원숭이의 시선은 다른 곳을 향합니다.

다리를 건너는 동안 다리 아래 강물에 비친 자신의 그림자를 다른 원숭이라고 본 것입니다. 다른 원숭이의 팔에 가득 담긴 바나나를 욕심을 내어 손을 뻗는 그 순간, 손 안에 담긴 바나나는 모두 냇물에 떨어져 흘러가고 아까 그 원숭이는 텅 빈 팔로 자신을 바라보고 있습니다. 이 이야기는 욕심을 부리고 사는 인간의 모습을 비유한 이야기입니다.

우화 중에 뼈다귀를 물고 가다 물에 비친 제 모습을 보고 짖다가 뼈다귀를 놓쳐 버린 강아지 이야기는 경전에도 나옵니다. 어릴 때 이 이야기를 듣고는 욕심과 어리석음 때문에 자신의 행복을 놓쳐 버린 개나 원숭이를 비웃었습니다. 저는 여기에서 몇 가지 더 생각해 봐야 하지 않나 싶습니다. 그중 하나는 '이 원숭이는 그 다음에 무슨 생각을 했을까?'라는 점입니다. 과연 원숭이는 무슨 생각을 했을까요? 단순히 '내 바나나가 사라졌다. 욕심내지 말 걸' 그랬을까요? 그렇다면 이 우화가 얘기하는 것은 '내 분수에 맞게 만족하며 살자'에 그치고 맙니다. 조금만 더 생각해 봅시다.

우리는 여기서 두 가지 이야기를 더 찾을 수 있을 것입니다. 그 해답을 푸는 열쇠는 바로 '현재'와 '나 자신'입니다. 이 두 가지 열쇠로 오늘의 화두 '행복과 불행은 누가 결정하는가?'에 대한 해답도 얻을 수 있습니다.

다리 아래 냇물에 비친 자신에게 손을 뻗기 전에 원숭이는 고민을 했을 것입니다. '이대로 갈까? 더 가지고 갈까?' 원숭이가 고민을 하는 근본적인 이유는 바로 '내 스스로 부족하다고 느끼기 때문'입니다. 내가 가지고 있는 바나나의 수, 즉 행복의 수가 충분한데도 그것을 깨닫지 못하고 있는 것입니다. 그렇다면 왜 원숭이는 스스로 부족하다고 느끼고 더 욕심을 내는 것일까요? 아마 현실을 정확히 직시하지 못했기 때문일 것입니다.

자, 이제 원숭이가 되어 봅시다. 나는 지금 두 팔에 가득 바나나를 가진 상태입니다. 과거의 어떠한 노력에 의해 지금에 이르게 되었을 겁니다. 하지만 바나나를 가득 지닌 지금도 그다지 행복해 보이지는 않습니다. 주위의 누가 보더라도 바나나를 많이 모았다고 얘기할 테지만 본인에게는 그 말이 들리지 않습니다. 나는 단지 미래를 위해서 바나나를 모으는 것입니다. 다가오지도 않은 미래의 어느 날에 먹을 바나나를 비축하기 위해. 당신에게 현재의 행복은 미래로 가는 과정에 지나지 않는 것입니다.

불행의 시작은 만족하지 못하는 마음에서

불행은 바로 그 순간 시작됩니다. 이미 가득 찬 물컵에 물을 더 부어 컵 안에 있던 물까지도 흘러넘치는 순간은 단 한 방울의 욕심이 더해졌을 때입니다. 컵 안의 물도 넘쳐 버리고 원숭이 품 안의 바나나도 냇가에 휩쓸려 떠내려갑니다. 자, 당신이 바라던 그 미래를 당신은 아무것도 가진 것 없이 맞았습니다. 지금이라도 후회를 해 봅시다. 하지만 당신이 추억할 수 있는 과거는 '100퍼센트의 행복한 현재'로 기억되는 것이 아니라 행복한 미래로 가기 위해 지나는, 기억나지도 않는 파편에 불과합니다.

현재에 행복하다면 아마 '그때 나는 바나나 15개를 가지고 있었지'라며 그 시간을 추억할 수 있을 것입니다. 하지만 지금의 당신은 당시 바나나가 몇 개나 있었는지 기억나지 않을 것입니다. 아마 당신에게는 '부족하긴 했지만 그럭저럭 아쉬운 대로 많았는데……' 정도로 기억될 것입니다. 결국 당신은 미래로 가기 위한 발판으로서의 현재도 충실히 보내지 못한 것입니다. 삼세의 인연을 중시한다면 분명히 내가 할 수 있는 영역은 현재뿐입니다. 과거는 이미 지나가 버렸고, 미래는 아직 오지 않은 것이니까요.

현세의 삶도 마찬가지입니다. 불교에서 말하는 인연은 모두 과거세와 미래세를 아우르는 것입니다. 우리는 지금이 아닌 다음 생에서의 성불과 복을 바라며 '윤회를 믿는다, 인연을 믿는

다'라고만 말하고 있는 것은 아닙니까? 내생의 복도 결국은 현생에 짓는 것입니다. 지금 바로 이 순간에 내가 가진 것들에 충분히 감사하고, 그 후에 다음을 준비하는 것이 필요하지 않겠습니까?

이제 나머지 하나도 마저 이야기해 봅시다. 원숭이가 가진 현재라는 시간 혹은 공간적인 것은 개인이 선택할 수 있는 것이 아닙니다. 하지만 우리가 선택할 수 있는 것이 있습니다. 바로 자신의 마음이지요. 마음은 스스로 변하게 할 수 있습니다.

자, 다시 원숭이가 되어 그 상황에 들어가 봅시다. 당신이 선택의 기로에 섰던 순간 당신을 혼란하게 한 것은 무엇입니까? 물에 비친 또 다른 원숭이, 사실은 '나'이지만 그 순간만큼은 내가 아닌 '타인'입니다. 우리는 매 순간순간 중심을 잃고 타인과 나를 끊임없이 비교하며 좌절하거나 욕심냅니다. 사실은 그렇지 않더라도 내가 가진 것이 타인이 가진 것보다 작고 보잘것없다고 느낍니다.

인간은 더불어 사는 존재이기 때문에 타인을 의식하는 것은 어쩌면 당연한 것이지만 끝없는 비교와 욕심 등의 감정은 삶의 모든 상황에서 다른 형태로 끊임없이 일어났다가 사라지며 우리를 괴롭힙니다.

이는 사실 나 자신을 객관적으로 살피지 못하기 때문에 일어나게 되는 것입니다. 우리가 수행을 하는 이유도 바로 고요히 앉아 집중하여 자기 자신을 바로 보기 위함입니다. 나 자신을 바로 본다는 것은 나만을 생각하는 이기심이라기보다는 타인을 생각하는 이타심을 위한 것입니다.

부처님으로서의 삶을 어떻게 살겠다는 대서원이 담겨 있는 부처님의 탄생게송인 천상천하유아독존天上天下唯我獨尊은 이를 잘 말해 주고 있습니다. 하지만 대부분의 사람들은 바로 이어지는 뒷부분은 잘 생각하지 못합니다. 삼계개고아당안지三界皆苦我當安之, 이는 존귀한 나 스스로가 다른 이의 고통을 편안히 해 줄 수 있다는 뜻으로, 나를 최고의 인격체로 대우함으로써 다른 이를 도울 수 있다는 불교의 정신이 잘 드러나 있는 부분이기도 합니다.

행복하길 원한다면, '지금 행복하다'고 생각하라

모든 종교의 최종 목표는 행복입니다. 우리가 살아가는 이유는 조금 더 행복하기 위해서라고 말할 수 있습니다. 그럼 불교에서 말하는 행복은 무엇입니까? 상대적인 것이기는 하지만 바로 고苦의 해결인 것입니다. 다만 이러한 행복은 세속적인 행복과 다른 것이기는 합니다.

우리가 말하는 행복이 더 많이 가지기를 원하는 것이라면, 불교에서 말하는 행복은 가진 것을 덜어 내었을 때 진정한 가벼움의 행복을 얻을 수 있다는 것입니다. 물질적으로 풍요롭다고 해서 행복한 것이 아닙니다. 물질적 풍요가 행복의 열쇠라면 국민소득이 높은 미국 사람이 더 행복하겠지만, 정작 행복지수가 가장 높은 나라는 가난한 방글라데시 사람들이라는 신문 기사를 보았습니다.

마음을 비워 내서 가벼운 자신을 바로 보고, 아파하는 타인을 돌볼 수 있을 때 진정한 행복을 얻을 수 있는 것입니다. 불교는 자기 수행의 종교입니다. 그저 누군가에 의해 결정되는 행복을 빌기만 해서는 안 됩니다. 지금 바로 끊임없이 자신을 수행하고 단련해야 하는 것입니다. 이는 자신만이 행복하기 위함이 아니라 타인도 함께 행복해지기 위함입니다.

행복과 불행은 누가 결정하는 것입니까? 기억해 두십시오. 외나무다리를 건널 때 냇물에 비친, 가슴 가득 바나나를 안고 있는 행복한 모습은 바로 지금의 당신입니다. 경전을 많이 아는 것보다 한 구절이라도 실천하는 것이 낫다는 말씀이 있지요. 좋은 말을 듣고도 실천에 옮기지 않으면 그것은 감나무 밑에서 감이 떨어지기를 기다리는 범부나, 바나나를 다 잃어버린 원숭이와 다르지 않음을 마음 깊이 새겨야 합니다.

나를 속박하는 것

달마 스님과 그 법을 이어받은 제자 혜가의 일화가 하나 있습니다.

달마 스님이 수행하고 있는데 신광이라는 수행자가 스님을 찾아왔습니다. 신광은 달마 스님에게 가르침을 청했지만 달마 스님은 그를 쳐다보지도 않았습니다. 그러자 신광은 나무에서 떨어졌다가, 땅에서 굴렀다가 하면서 달마 스님의 관심을 끌어보려고 했지만 스님은 꿈쩍도 하지 않으셨습니다. 그렇게 시간이 지나서 겨울이 되어 눈이 허리까지 쌓이게 되자 달마 스님이 뒤를 돌아보며 물었습니다.

"왜 아직도 안 가고 있느냐?"

그러자 신광은 단호하게 말했습니다.

"한마디 가르침을 주기 전까지는 이 자리에서 절대 떠나지 않겠습니다."

달마 스님은 신광에게 자신의 결심을 보이라고 했습니다. 그러자 그는 칼을 들고 자신의 팔을 잘라 내었습니다. 그때서야 스님이 그를 돌아보며 원하는 것이 무엇인지를 물었습니다. 신광은 이렇게 말했습니다.

"마음이 괴롭습니다. 미운 사람도 많고, 못마땅하고 분한 일도 많고, 갖고 싶은데 뜻대로 되지 않는 일도 많습니다. 그래서 제 마음이 괴롭습니다."

"그렇다면 그 괴로운 마음을 나에게 내놓아 보아라. 내가 그 괴로움을 편안하게 해 주마."

달마 스님의 말에 신광은 괴로운 마음을 찾기 시작했습니다. 가슴팍을 찾아 보기도 하고, 머리를 두드려 보기도 하며 3일을 찾다가 결국 이렇게 말했습니다.

"스님, 아무리 해도 괴로운 마음, 미워하는 마음을 찾을 수가 없었습니다."

"없다면 이미 다 편안히 해결된 것이다."

여기서 크게 깨달은 신광 스님은 바로 중국 선종의 2조 혜가慧可 대사가 되었습니다.

이 일화가 무엇을 뜻하는지 아시겠습니까? 신광은 형체가 없는 미움과 괴로움에 빠져서 살아온 것입니다. 미움과 괴로움은 다 자신의 마음속에서 일으켜 낸 것입니다. 여러분들의 미움과 괴로움, 그 업장은 남이 나에게 준 것이 아닙니다. 모두 자신의 마음속에서 스스로 만들어 낸 것입니다.

이런 마음의 근본은 결국 탐욕과 분노, 어리석음으로 요약할 수 있습니다. 불교에서는 사람의 마음을 해치는 세 가지 독이라 하여 삼독이라고 부릅니다. 탐욕이나 분노 때문에 다들 괴로운 적이 있을 것입니다. 잘 생각해 보면 그런 괴로움은 밖에서는 결코 해결해 줄 수 없는 문제입니다. 내 마음을 바꾸는 방법 말고는 없습니다. 어리석음은 간단하게 설명 드리자면 인간이 애초에 태어나게 된 원인이라고 할 수 있겠습니다. 태어났으니 살아야 되고 살아 보니 괴로운 일이 가득합니다. 하지만 확실한 것은 이러한 괴로움 모두는 우리의 욕심 때문이고 이 욕심만 버리면 마음은 평화롭고 자유로워집니다.

욕심은 왜 일어날까요? 우리의 몸뚱이가 편하기를 요구하기 때문입니다. 잘 먹고 잘 자고 잘 쉬고 싶은 것이 육체입니다. 짐승들의 욕구와 똑같은 것입니다. 하지만 육신은 죽으면 한 줌 흙으로 돌아갑니다. 그런데 왜 한평생을 육신에 얽매여 내 몸의 노예로 살아가는 것입니까? 이제는 모든 탐욕과 속박에서 벗어나서 자유로워지십시오. 내 신구의 삼업에서 나오는 모든 탐욕과 미움을 버리고 자유로워지는 것입니다.

지금부터는 여러분의 죄업을 소멸시킬 산과 바다와 같이 크고 깊은 방법을 알려드리겠습니다. 이 방법은 여러분이 가지고 있음직한 모든 마음의 괴로움으로부터 자신을 해방시켜 주리라 생각합니다.

미움은 부메랑과 같다

여러분이 내일 죽는다면 오늘 당장 어떤 일을 하시겠습니까? 저는 그동안 마음속에 담아왔던 미운 사람과의 관계를 해결하는 데 시간을 쓰겠습니다. 여러분이 살아오면서 마음속에 생겨난 미움, 이것을 해결해야 합니다. 여러분이 지금까지 살아오면서 마음속에 미운 사람 한 명씩은 있을 것입니다.

하지만 이것은 내 마음속에 있는 중생심이 불러온 부메랑 같은 것들입니다. 여러분이 그의 말이나 행동에 상처 입고 그를 미워한다고 할 때 그 상황에서 제일 괴로운 사람은 누구입니까? 바로 자기 자신입니다. 내가 그에게 보내는 미움의 크기가 크면 클수록 내 마음의 고통도 커지는 겁니다.

이 업을 소멸시켜야 나를 내리누르는 장애 요인 없이 해탈을 향해 나아갈 수 있는 것입니다. 마음속에 미움을 키우면 안 됩니다. 미움이란 큰 짐이고 누군가를 미워한다는 것은 큰 죄입니다. 또 그것보다 무서운 굴레가 없습니다.

이렇게 무거운 업보가 되는 미움을 소멸시키면 소멸시킨 만큼 가벼워진 것 아닙니까? 마음이 가벼워지면 활기차게 해탈의 길로, 행복의 길로 나아갈 수 있습니다. 미움은 또 새로운 미움을 만들게 합니다. 10년이 아니라 100년을 절에 다녀도 마음속에 있는 미움을 해결하지 못한다면 이것이 무슨 소용이 있겠습니까? 이런 마음에서 무슨 발전이 있겠습니까?

마음속에 있는 미움을 없애기 위해서는 사람을 잘 만나야 합니다. 좋은 사람이 어떤 사람이냐고 물으면 중생은 돈 많고, 배움도 있고, 행동도 모범적인 사람, 자기에게 잘 대해 준 사람은 좋은 사람이라고 얘기합니다.

하지만 이것은 중생심에 빠진 중생이 하는 얘기일 뿐입니다. 주변에 아주 미운 사람이 있지 않습니까? 탐욕이 많고, 화를 잘 내고, 이런 사람은 사귀기에 힘이 듭니다. 그런 사람 곁에서 그저 부처님께 이 사람이 잘되라고, 이 사람이 나보다 몇 배 더 잘되라고 기도해 주시기 바랍니다. 이게 덕을 쌓는 일입니다. 좋은 사람은 가만히 있어도 잘됩니다. 그 사람 옆에 내가 없어도 그 사람은 잘 산다는 말입니다.

여러분이 남에게 베풀 때, 있는 사람들에게는 잘 베풀지를 않습니다. 미운 사람이 있다 하더라도 그 사람을 위해 기도해 주면 그 사람의 악심이 풀려서 나에게 좋은 사람으로 돌아오고 나는 악인을 제도했으니 덕을 쌓는 일이 됩니다. 미운 사람을 위해서 한 달이고 일 년이고 기도를 해 보시기 바랍니다. 싫은 사람에 대해서 흉보고 다니면 그게 바로 내가 업을 짓는 일이고, 다른 사람을 부처님으로 생각하고 그 사람을 위해 기도해 준다면 그것이 바로 자신의 덕을 쌓는 일입니다.

여러분은 절대 미운 사람을 마음속에 키우지 마시기 바랍니다. 자기 마음속에 있는 미운 사람은 하느님과 부처님이 없애 주는 것이 아닙니다. 바로 자기 자신이 없애는 것입니다. 미움의 실체가 없는데 왜 허상을 붙들고 그토록 괴로워합니까?

습관부터 고쳐라

다음으로 권하고 싶은 것은 습관을 고치라는 것입니다. 사람들 중에는 언어생활에서 무의식 중에 남을 꼬집고, 비꼬는 버릇을 가진 사람이 있습니다. 술이나 담배를 끊고 싶은데 못한다면 그것도 나쁜 습관인 것입니다. 자기 스스로가 고치고, 바꾸고 싶다는 생각을 했으면 그것이 옳은 것입니다. 자기 자신을 다스릴 줄 아는 사람이 되자는 말입니다. 자기 관리에 철저한 사람은 쉽게 화내거나 남들에게 업신여김을 당할 일이 없습니다. 뭐든지 대충대충하고 충동적으로 사는 사람은 그야말로 탐진치의 노예가 되어 살아갈 수밖에 없습니다.

'중생세계에 살다 보면 도둑질이라도 하고 싶을 정도로 남의 것이 탐날 때도 있고, 남을 죽이고 싶도록 미울 때도 있고, 남이 잘된 일에 배가 아파서 그의 불행을 상상하게 될 수도 있는데, 그게 사람이니 어쩔 수 없는 것 아닌가'라고 생각할 수도 있습니다. 모든 사람이 욕심을 부리며 살아가니까 그렇게 느껴지는 것입니다. 산다는 것은 크게 어려운 것이 아닙니다. 인생이란 것은 하루에 세 끼, 옷 한 벌 걸치고 살다가 가면 되는 것입니다. 밥 세 그릇 옷 한 벌이면 충분한 것인데 왜 욕심을 부리고 중생심에 치우쳐서 업장을 지으며 살아가고 있습니까?

정당한 방법으로 높은 자리에 올라가고 정당한 방법으로 부자가 되고 정당한 방법으로 성실하게 일하며 살아가는 것은 바로 부처님의 모습입니다. 하지만 부정한 방법으로 업을 지으면서 살아가는 것은 바로 탐욕스러운 중생의 삶입니다.

나쁜 버릇, 나쁜 습관을 다 고치면 좋은 버릇, 좋은 습관만 남는데, 이것을 불심이라고 하는 겁니다. 나쁜 습관, 나쁜 버릇 그리고 신구의 삼업으로 지은 업장까지 다 없애게 되면, 그게 바로 성불입니다. 그것이 바로 부처님입니다. 겉모양은 부처님 비슷하게 하고 있으면서 생각은 성을 내고, 탐욕을 부리며 살면 그것은 위장에 불과할 뿐입니다. 그것은 진실한 마음의 깨우침이 없는 삶입니다.

여러분이 과감하게 모든 업장을 소멸시키고, 또 내 육신과 마음을 청정하게 해서 개인생활도 철저하게 하고, 내 생명의 의지처인 부처님의 말씀을 항상 새기고 살아간다면 중생심이 생기지 않을 것입니다. 설령 잠깐 생겨 나쁜 일을 하게 되더라도 바로 반성하고 마음을 고쳐서 바른 길을 걸어갈 수 있습니다. 수행이라는 것은 사전적인 진리를 찾는 일이 아닙니다. 우리의 일상생활 속에서 부처님과 같은 삶을 살려고 노력하는 것이 바로 부처님의 곁으로 다가가는 수행인 것입니다.

아무리 좋은 가르침을 많이 들어도 거기에 실천이 따르지 않는다면 그 가르침은 그저 공염불에 불과할 뿐입니다. 절에 다니며 듣고 보았다면 이제 수행에 박차를 가하십시오. 부처님 문 밖에서 서성이는 불자가 아닌, 부처님의 문 안에 들어가 성불할 수 있도록 노력해 나가시기를 바랍니다.

49일의 염불소리

사람은 누구나 태어남이 있으면 죽음이 있습니다. 죽지 않는 사람은 아무도 없습니다. 아무리 벼슬이 높고 부귀영화를 누렸다고 하더라도 죽음을 피해 갈 수는 없습니다.

죽어 가는 과정이나 죽은 다음에 어떻게 되는지는 다른 편에서 말씀드렸고, 여기서는 죽은 사람을 떠나보내야만 하는 가족들이 어떻게 해야 하는가를 말씀드리겠습니다. 사람이 죽었을 때 장례와 뒤처리는 가족의 몫입니다. 사랑하는 가족을 영원히 떠나보낸 가족들은 그 고통과 슬픔을 어떻게 감당해야 하겠습니까?

한국식 장례는 다분히 유교적인 것입니다. 3일장, 5일장과 같은 것과, 보통 절에서 많이 하기 때문에 불교 의식인 것처럼 알고 있는 사십구재四十九齋 역시 불교 고유의 의식이 아닙니다. 6세기경 중국에서 생겨난 의식으로 유교적인 조령숭배祖靈崇拜 사상과 불교의 윤회輪廻 사상이 절충된 것이라고 할 수 있습니다. 현재는 사람이 죽은 다음 7일마다 불경을 외면서 재齋를 올려 죽은 이가 그동안에 마음을 깨닫고 다음 세상에서 좋은 곳에 사람으로 태어나기를 비는 제례의식이 되었습니다. 그래서 칠칠재七七齋라고도 합니다.

그러면 왜 하필 49일 동안 이런 의식을 할까요?

누구나 지옥에 갈 수 있다

불교에서는 사람이 죽으면 다음 생을 받기 위해 일곱 번의 재판을 받는다고 합니다. 그 재판에서 생전에 지었던 죄나 잘잘못을 가려 지옥地獄, 아귀餓鬼, 축생畜生, 아수라阿修羅, 인간人間, 천상天上의 육도 가운데 어디로 갈지 정해지는 것입니다. 이 재판은 일주일에 한 번씩 일곱 번, 즉 49일 동안 진행된다고 합니다. 그런데 여섯 번의 재판은 잘못을 찾아내 지옥으로 보낼지를 먼저 결정해서 가리는 재판입니다. 다시 말하면 육도에 보내는 결정은 마지막 49일째 되는 재판에서, 하지만 지옥에 가게 되는 사람은 여섯 번의 재판에서 가려진다는 말입니다.

여러분도 어떤 일에는 반드시 변론이 있는 것을 알고 계실 겁니다. 반대로 나는 잘못인 줄 몰라도 다른 기준에서는 죄가 될 수 있는 일이 많습니다. 그리고 어떤 부분에 초점을 맞추는가에 따라 그 죄의 크기도 변할 것입니다. 그걸 명부시왕冥府十王부터 염라대왕까지 일곱 번의 심판을 모두 통과해야 지옥행을 면한다는 것입니다. 쉽겠습니까? 당연히 어렵습니다. 살다 보면 크고 작은 죄를 짓게 마련인데 자기가 모르고 저지르는 죄도 많습니다. 그래서 남아 있는 가족들이 사십구재를 올려서 망자亡者가 지옥에 떨어지지 않도록 도와주는 것입니다.

그래서 절에서는 49일간을 천도기간으로 삼고 7일마다 불경을 외워 망자가 죄를 알고 참회하여 업장을 조금이라도 벗을 수 있도록 하는 것입니다. 또 불경을 외울 때마다 눈, 귀, 코, 입, 몸, 마음의 육근으로 지은 죄업이 소멸되니 육근 하나당 일주일씩 걸린다 하여 49일이라고 하기도 합니다.

우리는 생전에 우리의 몸, 살덩이, 팔, 다리, 마음…… 이런 것들을 나라고 생각합니다. 이것을 나라고 의지하고 여기에 집착하고 아끼고 보살피고 살았단 말입니다. 하지만 딱 한순간 숨을 거두고 나서 보니까 나라고 그렇게 집착했던 몸뚱이는 대자연으로 돌아갑니다. 물질의 법칙을 따라 흙으로 돌아가고, 물로 돌아가고, 산소로 돌아가고, 질소로 돌아가고, 탄소로 돌아갑니다. 수, 지, 화, 풍 사대로 돌아갑니다. 우리 몸을 이루는 모든 구성요소들은 흩어집니다. 결국 몸뚱이 자체는 몇 년이 지나면 썩어서 자연과 다를 바 없게 됩니다. 그렇게 내 것이라고 집착했던 내 몸이 이 공기 중에, 흙 속에, 물 속에 녹아 없어져 버린단 말입니다.

이것이 바로 무상無常의 이치인데 살아서는 알기 어렵습니다. 이론적으로나 이해했지 체득하기 쉬운 것이 아닙니다. 하지만 죽어서 49일 동안 중유中有의 상태로 구천을 떠돌다 보면 알게 됩니다. 중유란 혼백만 육체에서 빠져나와 산 것도 죽은 것도 아닌 상태로 다음 생이 결정되기 전까지 허공을 떠도는 것을 말합니다. 육신을 벗어나 보니 내가 그렇게 아끼고 아끼던 보물인데 가질 수가 없고 내 자식, 친구들이 앞에 있는데 어느 누구도 나를 알아봐 주는 이가 없습니다. 외롭고 슬프기 그지없습니다. 내 것이 아닌 것입니다.

이제야 욕심도 부질없고 남을 미워한 것도 해코지한 것도 모두 후회되지만 이미 늦었습니다. 중유의 상태로 생전에 저지를 죄업을 되돌릴 방법이 없습니다. 무엇보다도 혼란스러워서 무엇을 어떻게 해야 할지를 알지 못합니다. 어둡고 무섭고 외롭습니다. 염라대왕 등의 재판관들이 업경業鏡 같은 걸 들이대면서 생전의 과오를 보여 주는데, 부끄럽고 후회만 됩니다.

이때 불경소리를 듣게 되면 어떨까요. 생전에는 가슴에 와 닿지 않았지만 중유의 몸이 되고 보니 한 구절 한 구절 가슴에 새길 수 있고 간절할 수밖에 없습니다. 자신의 삶이 왜 나빴는지, 원인이 무엇인지 알게 되고 악했던 마음을 반성하게 됩니다. 지난 과오에 대한 참회도 할 수 있게 됩니다. 그러면 지옥으로 가는 것을 면하게 되는 것입니다.

이제 왜 사십구재를 하는가에 대한 이해가 좀 되셨습니까? 보통 사십구재의 복덕이 10이라고 하면 죽은 영가에게는 1 정도가 가고 남은 가족에게 9가 간다고 합니다. 제가 드린 말을 잘 이해하셨다면 이유를 아실 겁니다. 죽은 영가가 지옥행을 면하고 좀더 좋은 생을 받도록 복을 지었기 때문입니다.

영가의 죄업은 돌이킬 수 없지만 후손이 도울 수 있다

영가를 방치해 두면 그는 자신이 지은 업대로 가게 됩니다. 자신이 생전에 지었던 업에 따라, 그 주파수에 맞춰서 친숙도에 따라 업력에 끄달려 지옥이나 천상 등으로 가게 되는데 만약에 나쁜 곳에 떨어지면 고통이 엄청나게 심합니다. 고통이 심하면 원망합니다. 자신은 지옥에, 축생에, 아귀에 떨어져 있는데 구해 주지 않는다면 그곳에서 1주일 기다리고 2주일을 기다리는 것입니다. 결국은 마지막 49일 최후의 심판에서 지옥이나 아수라로 떨어집니다. 그러한 곳에 한번 들어갔다가 나오려면 엄청난 기다림이 필요합니다. 엄청난 고통을 받으면 너무도 힘이 들어서 가족을 원망하게 됩니다.

그러면 원한이 생겨서 결국은 자신의 후손들에게 가는 것입니다. '나를 구해 주지 않고 방치해 두었으니 내가 지금 업에 끄달려서 이렇게 온갖 고통을 받고 있는데 참으로 섭섭하고 서운하구나' 하는 원한이 사무치면 영가장애라고 하는 형태로 나타나는 것입니다. 사업이 실패하는 경우도 있고, 멀쩡한 몸에 병고가 생기고, 잘 살던 동기간에 화합이 깨어지는 경우도 있고, 마음에 없는 이상한 행동도 하고, 하는 일마다 안 되는 경우도 있습니다.

반면에 정성으로 천도를 잘하고 영가가 즐거운 마음이 생기면 원한이 없어지고 선신으로 변해서 여러분들의 생활, 타인과의 관계도 화목해지는 등 모든 일이 순조로워집니다.

그러니 남은 자손들이 사십구재를 올리는 마음가짐이 중요합니다.

조선시대 황희 정승의 일화가 있습니다.

어느 날 마을 사람이 찾아와서 정승에게 물었습니다.

"우리 집 소가 새끼를 낳았는데 오늘이 저희 아버님 제삿날이지만 제사를 지낼 수가 없지요?"

그러자 그는 "그야 지낼 수 없지."라고 대답하였습니다.

이어 또 다른 사람이 찾아와서 묻기를,

"저희 집 돼지가 새끼를 낳았지만 내일 아버님 제사는 모셔야 되겠지요?" 하자, 이번에는 "그야 물론 모셔야지."라고 말하였습니다.

이를 본 부인이 이상하게 여기고 물었습니다.

"한 사람은 안 된다 하시고 한 사람은 된다 하시니 어찌된 일입니까?"

그러자 황희는 이렇게 대답했습니다.

"소나 돼지가 새끼를 낳은 것이 문제가 아니라 결국 제사가 문제인데, 지내고 싶은 사람은 지내게 하고 지내기 싫은 사람에게는 하지 말도록 하였을 뿐이오."

영가의 천도를 위해 조금이라도 도움이 되고자 노력하면 영가는 좋은 법문을 듣고 참회하여 지옥행을 면하고 좋은 생을 받아 좋은 조건에 태어날 수 있습니다. 49일 동안 지극정성으로 봉행한 염불소리는 영가의 마음을 차분하고 안정되게 가라앉혀서 자신의 상황을 파악하고 어떻게 대처해야 할지 생각할 여유를 만들어 줍니다. 그래서 지금까지 세속에서 입었던 탐욕의 옷을 벗고 자유의 세계로 향하는 해탈의 옷을 입을 수 있도록 도와주는 것입니다.

부모님의 열 가지 은혜

　사람들은 남의 잘못은 잘 알면서 자신의 잘못, 자신의 죄업은 알지 못합니다. 우리들이 지은 업보 중 첫째로 가장 큰 잘못은 부모님께 지은 죄입니다. 낳아서 기르시고 자식을 위해서 근심걱정하시고 마지막 돌아가실 때까지 내 자식 잘 되기만 바라시는 마음을 생각한다면 부모님의 은혜를 소홀히 할 수 없을 것입니다. 늙고 젊음에 상관없이, 살아 계시면 살아 계신 대로 그 은혜가 지중하고, 돌아가셔서 땅속에 묻히셨어도 부모님의 은혜는 굉장히 깊은 것입니다.

　우리는 너무도 당연하게 부모님의 희생을 받아왔기 때문에 그것이 어떤 것인지 잘 알지 못하고 있습니다. 『부모은중경』에 부모님의 열 가지 은혜에 대해 자세히 알리고 있습니다.

첫째, 아기를 배고 지켜 주신 은혜이니, 오랜 겁 동안의 막중한 인연으로 오늘날 어머니의 태를 빌어 달이 차서 오장이 생겨나고 일곱 달에 육정이 열리니 어머니 몸은 태산처럼 무거워 가고 서고 할 때마다 바람조차 겁을 내며 비단옷이라곤 입어 보지도 않고 단장하던 거울에는 먼지만 쌓여 있네.

둘째, 해산할 때 고통 받으시며 낳아 주신 은혜이니, 아기를 배고 열 달이 지나서 어려운 해산달이 하루하루 다가오니 아침마다 중병 걸린 사람 같고 나날이 정신마저 흐려지듯 그 어려움은 글로 적기 어려워라. 근심과 슬픔이 가슴에 가득하여 친족에게 슬픔을 호소하고 죽지나 않을까 두려워하시네.

셋째, 자식을 낳고 모든 근심을 잊으신 은혜이니, 인자하신 어머니가 그대 낳던 날 오장육부를 쪼개고 헤치는 듯 몸과 마음이 모두 끊기는 듯하고 마치 양을 잡은 자리처럼 피 흘렸어도 아기가 건실하단 말 들으면 그 기쁨이 더하고 또 더하네. 그러나 기쁨 뒤엔 다시 슬픔이 일어나니 그 고통이 몸과 마음에 사무치네.

넷째, 쓴 것은 삼키고 단 것은 먹여 주신 은혜이니, 부모의 은혜가 깊고 무거워 사랑과 보살핌 잠시도 잊지 않고 단 것은 먹이시느라 잡숫지 못하고 쓴 것은 잡수시되 찡그리지 않으시네. 지중하신 애정 누를 길 없어 그 은혜 깊은 만큼 슬픔도 더

하시네. 언제나 자식들만 배부르면 인자하신 어머니는 굶주림도 사양 않네.

다섯째, 마른 자리 골라 아기 눕히고 젖은 자리에 누우신 은혜이니, 어머니가 온통 몸이 젖어도 아기만은 한사코 마른 자리에 눕히시고 두 젖으로 아기의 주린 배를 채워 주시고 옷소매로 추위를 막아 주시고 아기 걱정에 단잠을 설치시고 아기의 재롱으로 기쁨을 삼으시니 오직 아기의 편안만을 생각하시고 인자하신 어머니는 편안함을 바라지 않으시네.

여섯째, 젖을 먹여 길러 주신 은혜이니, 인자하신 어머니의 은혜가 땅이라면 엄하신 아버지는 하늘이시네. 덮어 주고 안아 주신 어머니 은혜, 아버지의 은혜도 그와 같아서 눈이 비록 없어도 미워하지 않으시고 수족이 불구라도 싫어하지 않으시네. 내 속으로 친히 낳은 자식이기에 종일토록 아끼시고 가엾이 여기시네.

일곱째, 더러운 것을 깨끗이 빨아 주신 은혜이니, 예전에 그리도 고우시던 그 얼굴, 풍만하고 아리땁던 그 자태, 푸르른 버들잎 같던 두 눈썹, 양 볼은 붉은 연꽃잎 같으시더니, 은혜가 깊을수록 그 모습 쓰러지고 부정한 것 빠시느라 상하시어 오로지 자식 걱정하시느라, 인자하신 어머니의 얼굴이 바뀌셨네.

여덟째, 멀리 떠난 자식을 걱정해 주신 은혜이니, 죽어서 헤어짐도 잊기 어렵거늘 생이별은 더욱더 마음 아픈 것. 자식이 집 떠나 타향에 가면 어머니의 마음도 타향에 있네. 낮이나 밤이나 마음은 자식 좇아 흐르는 눈물 몇천 줄긴가? 새끼를 사랑하는 원숭이처럼 자식 생각에 애간장이 끊어지시네.

아홉째, 자식을 위해서는 나쁜 일도 하신 은혜이니, 강산같이 중하신 부모님 은혜 그 은혜 깊고 깊어 갚기 어려워. 자식의 괴로움을 대신 받기 원하시고 자식이 고생하면 어머니 마음도 편치 않네. 먼 길 떠난다는 말만 들어도 가는 길 잠자리는 춥지 않을까. 아들, 딸의 고생은 잠깐이지만 어머님의 마음은 두고두고 쓰려라.

열째, 끝까지 사랑하고 가엾이 여기시는 은혜이니, 부모님 은혜는 깊고도 무거워라. 사랑하는 그 마음 마르지 않아 앉으나 서나 마음엔 자식 생각뿐. 멀리 있거나 가까이 있거나 자식 생각 떠나지 않네. 어머니의 나이 백 살이 되어도 여든 된 자식을 걱정하시네. 이 같은 어머니의 사랑은 언제 끝나랴. 명이 다하시면 그제서야 그치려나.

부모님은 나의 창조주이십니다. 나는 부모님 마음으로부터 태어났습니다. 그게 나의 태초입니다.

내 부모를 남의 부모와 비교해서 부끄러워한다든가 무시해서는 안 됩니다. 우리가 이 세상에 태어나도록 해 주신 은혜만으로도 충분히 고마운 분들이기 때문입니다. 그러나 우리는 부모님의 은혜를 알지 못하고 삶이 바쁘고 어렵다는 핑계로 소홀히 하고 삽니다.

생각해 보면 부모님의 은혜를 망각하고 산 것도 지극히 큰 죄입니다. 부모와 나는 전생에 큰 인연이 있어 만나는 것입니다. 옷깃만 스쳐도 인연인데 피와 살을 나누어 주셨으니 어떤 인연이었든 그 관계는 깊은 것입니다. 내가 갚아야 할 은혜가 있을 수도 있고, 부모가 나에게 갚아야 할 은혜가 있어 만났을 수도 있습니다. 현생에서는 부모의 사랑보다 자식의 사랑이 클 수는 없을 겁니다. 단지 부모이기 때문에 보답이 없어도 사랑을 베풀 수 있는 것입니다. 따라서 그 은혜에 소홀히 해서는 안 되며 만약 조금이라도 소홀하고 원망했던 적이 있다면 참회하고 부모의 사랑에 감사해야 하고 정성을 다해 보살펴 드려야 다음 생에 지옥에 떨어지지 않고 인간 몸을 받을 수 있습니다.

윤회의 나그네 길

우리는 윤회의 굴레를 벗어나지 못하고 살고 있습니다. 여기에 자리 잡지도 떠나지도 못했으니 나그네라고 할 수 있습니다. 그렇다면 우리는 윤회의 나그네 길에서 어디쯤 와 있습니까? 여러 관점에서 생각해 볼 수 있겠지요. 여기서는 내 마음이 일상에서 얼마나 편안한가를 생각해 봅시다. 내가 일상에서 늘 행복하다면 거의 다 온 것이지만, 마음이 편하지 못하다면 아직 갈 길이 먼 것입니다.

왜 마음이 편하지 못할까요? 어리석기 때문에 마음이 편하지 못합니다. 누가 나에게 화를 돋우어서도 아니고 돈이 없어서도 아니고 무엇이 부족해서도 아닙니다. 다만 어리석고 탐욕심을 내기 때문에 마음이 행복하지 못하고 편하지 못합니다. 누가 옆에서 조금만 뭐라 해도 화가 나서 싸워야 하고 무엇을 보면 금방 욕심이 나서 갖고 싶고, 그러니 마음이 편할 리가 있겠습니까?

나보다 못한 사람이 화려한 보석을 차고 비싼 옷을 입고 있으면 샘이 납니다. 회사에서 누가 더 빨리 승진하거나 집을 샀다면 더 말할 나위가 없습니다. 또 대인관계에서도 내가 대접받아야 하고 누군가 나를 알아줘야 하는데 그렇지 않으니 마음 편할 날이 없습니다. 여러분들은 그런 생각으로 살고 있지 않습니까? 만약 화를 한 번도 안 내고 사는 사람이 있다면, 그는 부처님의 경지에 가까이 가고 있는 것입니다.

분노라는 것은 아무것도 아닙니다. 한때의 분을 참으면 백일의 조심을 면한다(忍一時之憤이면 免百日之憂)고 했습니다. 가리왕歌利王이라고 하는 악독한 왕의 이야기를 들려드리겠습니다.

가리왕에게는 많은 시녀가 있었습니다. 어느 날 가리왕은 궁녀들과 함께 산에 소풍을 갔습니다. 풍경이 좋아서 이리저리 구경하다가 왕이 산속에서 잠이 들었습니다. 깨어나 보니 궁녀들이 모두 없어진 것입니다. 이리저리 찾다가 부처님 앞에서 법문을 듣고 있는 시녀들을 발견했습니다. 부처님의 법문이 좋아서 듣고 있다는 것입니다. 자기 시녀들이 좋아서 어쩔 줄을 모르는 걸 보자 왕은 질투가 나고 화가 났습니다. 가리왕은 부처님을 마주하고 서서 이렇게 말했습니다.

"너는 누구냐?"

"나는 수행자다."

부처님이 말했습니다.

"너 수행자면 잘 참겠구나."

가리왕이 물었습니다.

"나는 잘 참을 수 있다."

부처님이 대답하자 가리왕은 부처님의 팔을 뽑고 살점을 뜯고, 귀를 자르고 칼로 난도질을 했습니다. 그런데도 부처님은 마지막 숨이 붙어 있을 때까지 웃고 있었습니다. 오히려 가리왕이 공포에 질리고 부처님께 굴복할 수밖에 없었습니다.

이 정도가 되어야 부처님 가까이 가는 것입니다. 우리의 인욕행은 여기에 비하면 별거 아니지 않습니까? 당장 내 목숨을 빼앗는 것도 아니고, 역적의 누명을 쓴 것도 아닌데 참으면 별일도 아닌 것을 인욕을 못해서 스스로 고통을 만들어 불행 속에서 복잡하게 사는 것입니다.

부처님이 되어야 끝나는 길

참고 견디는 법, 이해하고 사랑하는 법이 부처님의 가르침입니다. 스스로 불행하다고 느끼고 마음이 복잡하고 늘 번뇌가 들끓는다면 부처님의 법에서 거리가 멀어진 것입니다. 누가 나를 쥐어뜯든, 중상모략을 하든, 돈을 빼앗아가든, 속상하게 하든, 늘 행복하게 웃고 넉넉한 마음으로 대하면 부처님과 가까워진다는 말입니다.

우리가 부처님을 만나지 못했다면 욕심부리면서 온갖 경쟁 속에서 중생의 욕구를 채워 가며 살았을지도 모릅니다. 이처럼 부처님은 내 운명을 바꿔 주시는 분입니다.

다른 종교에서처럼 '나는 너희들을 창조한 신이며, 너희는 내가 시키는 대로 하고 모든 영광과 축복과 기도를 나를 통해서 하여라. 나는 너희들 운명을 결정하는 전지전능자이다'라고 가르친다면 그들은 "믿습니다."라고 말만 하면 됩니다. 하지만 그런 것은 어디까지나 종속관계입니다. 미신이고 신의 노예가 되는 것입니다.

그러나 불교에서는 모든 행복과 불행, 나아가 우리의 존재까지도 누가 만들어 내는 것이 아니라 스스로 만들어서 스스로 짓고 스스로 창조해서 살아가는 것이라고 가르칩니다. 그 창조의 주인공은 신도 부처님도 아니고 바로 개개인이 갖고 있는 마음이라는 말입니다.

마음이 주인공이니까 내 마음이 주체가 되어서 내 운명을 개척해 나가라는 것입니다. 그래서 수행도 필요하고 남을 도와주는 보살행도 필요하고 번뇌·망상의 탐욕을 버리려고 하는 마음자세도 필요합니다. 이러한 마음공부를 열심히 하면 운명이 바뀌는 것입니다. 내 마음이 주체가 되어서 삼라만상을 보고 내가 내 운명을 결정하는 그런 사람이 되어야 합니다.

신이 주인공이 아니라 내 마음이 주인공입니다. 내 마음이 나의 주인공이 되지 않으면 우리는 항상 노예이고 피조물이 됩니다. 내 마음은 악하고 더러운데 신에게 의지하면 만사형통이라는 말이 맞습니까? 거짓말하고, 남을 짓밟고, 잘못을 하고도 신에게만 용서받으면 되고, 이익 따라 움직이며 배신해도 신에게 절대복종하는 사람을 보면, 저는 한편으로 참 가엽다는 생각이 듭니다.

그런 것을 보면 역시 마음을 잘 써야 하고 마음에서 탐욕을 몰아내어 죄를 짓지 않아야 하겠습니다. 거짓말 하지 않고 바른 사람이 되어야 스스로의 운명이 바뀐다는 것을 가르치는 것이 불교입니다. 오직 믿음으로써 맹신하면 된다는 종교와는 방식이 다른 것입니다. 그래서 부처님은 우리의 운명을 바꾸어 주는 존재며, 나를 삼독과 육도 생사의 질곡에서 건져 주며, 행복으로 인도해 주시는 분입니다.

다시 정리하자면 내가 늘 행복하고 자비롭고 평화로운 마음이 많으면 내 여행길은 부처님 계시는 곳에 거의 당도했다고 할 수 있겠습니다. 부처님 곁을 맴도는 사람입니다.

또 내가 주인공이라는 신념을 확실하게 심어 주신 분이 바로 부처님이십니다. 곧 부처님은 바로 내 마음속에 있고, 나의 주인공은 바로 부처님이라는 것, 부처님이 곧 나라는 말입니다. 불교는 조금 어렵습니다. 이해하기 힘들 수도 있지만 열심히 수행하고 노력하면 언젠가는 이루어질 것입니다.

평화롭고 행복하게 사시려면 내가 먼저 맞춰 주고 채워 주고 삽시다.

은혜에 감사하고 살자

요즘 주변을 보면 힘들다는 사람들뿐입니다. 장사도 안 되고 자식들도 마음대로 안 되고 또 어떤 분은 병고에 시달리고 있는 등 사는 게 짜증난다는 분이 많습니다. 그러나 이것을 타인의 잘못으로 돌려서는 안 됩니다. 이 모두가 자신의 업보이기 때문입니다.

모두들 지난 날들을 되돌아보면, 다 나름대로 열심히 살았다고 생각합니다. 그래서 고통의 원인을 다른 사람에게 두고 그 사람을 원망합니다. 하지만 다른 사람을 원망해서는 문제가 해결되지 않습니다. 나의 업보가 끝나지 않았다고 생각해 봅시다. 참기 힘든 고통이 있으신 분은 갚아야 할 빚이 아직 남아 있다고 생각하십시오. 좋은 일이 많았던 분들은 부처님이 자신을 도와서 그러한 결과가 생겼다고 생각해 보십시오. 세상이 달리 보일 것입니다.

그러면 구체적으로 하나하나 떠올려 봅시다. '은혜'라는 말과 가장 어울리는 존재가 있습니다. 바로 부모입니다.

"부모님의 은혜를 갚기 위해 어머님과 아버님을 양 어깨에 짊어지고 수미산이라는 큰 산을 돌고 돌아서 살이 문드러지고 뼈가 으스러질 때까지 돌아도 그 은혜를 다 못 갚는다."는 말이 있듯이 부모님의 은혜는 대단히 지중한 것입니다.

그리고 요즘 종교적 이유나 삶이 바쁘다는 핑계로 천대받고 있는 조상님들의 고마움도 잊어서는 안 됩니다. 영가의 세계에도 우리들의 세계와 마찬가지로 의식이 있습니다. 자식들이 조상들을 위해서 무슨 일을 해 주고 어떤 감정을 가지고 있는지 영가는 알고 있습니다.

우리 조상 영가의 생명과 우리 삶 자체는 연결되어 있습니다. 눈으로 보이지 않을 뿐이지 영의 세계는 항상 존재하는 것입니다. 우리도 한 생을 마치고 돌아가면 성불을 하여 부처님의 세계로 가든지, 아니면 지옥으로 떨어지든지, 아니면 중음신中陰身으로 돌아다니면서 항상 영가의 세계에서 산 사람과 생을 같이 하게 될 것입니다.

우리들이 조상들을 위해 주지 않는다면 영혼도 감정이 생기는 법입니다. 우리가 어떤 일에 섭섭한 감정을 느끼듯이 지장재(地藏齋)일에 영가를 위하지 않고 잊어버린다면 조상들도 감정이 생기고 섭섭함을 느끼는 것입니다. 그래서 조상을 잘 모셔야 한다는 것을 불교에서는 강조하고 있습니다. 나를 낳아 준 부모님과 조상님이 어떻게 사탄이 되고 미신이 될 수 있습니까? 남의 나라 민족신 여호와에게 무릎을 꿇고 기도하면서 부모님의 제사 지내는 것을 꺼려 하는 종교가 있다는 것은 참으로 모순이며 이상한 일이 아닐 수 없습니다.

그 다음으로 스승의 은혜도 대단히 깊은 것입니다. 유치원에서부터 대학교까지 그리고 사회에서 만나게 되는 스승까지 우리는 여러 스승의 은혜를 입고 있습니다. 또한 스님들도 스승이라 할 수 있습니다. 스님의 생활을 편하다고 생각하는 사람들도 많지만 스님들은 보통사람들이 하기 어려운 생활을 하고 있습니다. 스님들은 모두가 바르게 살기를 바라는 마음에서 좋은 법문을 들려 드리기 위해 항상 노심초사하여 연구하고 노력합니다. 그 노력은 대단한 것입니다. 평소에 끊임없이 수련하고 바른 마음으로 지내는 노력들이 모아져 좋은 말씀을 해 드릴 수 있는 것입니다.

스님들은 세속적인 유혹을 뿌리치고 평생을 걸고 몸 바쳐

기도 생활과 축원을 합니다. 스님들 자신을 위한 축원이 아니라 오직 남을 위해 기도하고, 그 축원과 기도로 얻은 공덕까지도 모든 중생에게 회향합니다. 이러한 큰 원력으로 다른 이들이 잘되기를 바라기만 할 뿐입니다. 다른 가정의 불행을 스님들은 그 가족들과 똑같이 느끼고 걱정을 합니다. 불자들의 아픔과 고통 하나하나가 그렇습니다. 스님들은 불자들의 아픔과 고통 하나하나를 위해 '지은 복을 남에게 돌려준다'는 의미의 회향의 삶을 살고 있습니다.

이밖에도 나라의 은혜, 국왕의 은혜, 나라를 위해 애쓰는 사람들, 농부, 상인 등 내가 살아갈 수 있도록 사회를 유지해 주는 모든 이의 은혜를 잊지 말아야겠습니다.

이 진리의 내용은 중생에게 마음을 깨우쳐 주고 복을 지어 악도에 떨어지지 않고 좋은 곳에 가도록 노력해야 한다는 것을 일깨워 주고 있습니다.

고마운 분들을 떠올려 보자

마지막으로 부처님의 은혜야말로 부모님의 은혜에 버금가는 것이라고 할 수 있습니다. 외아들이었던 싯다르타 태자는 모든 호화로운 생활을 버리고 히말라야 산속에서 6년이라는 긴 세월 동안의 고행을 통해 깨달음을 얻으셨습니다. 그리고 수행을 통해 얻은 공덕을 혼자서 누린 것이 아니라 모든 중생을 구제하기 위해서 마지막 45년 동안 방방곡곡을 돌아다니며 진리의 가르침을 전하다가 길에서 돌아가신 부처님의 은혜는 대단한 것입니다.

부처님이 말씀하신 8만4천 진리는 기독교 성경에 비하면 3천 배나 되는 양이라고 합니다. 물론 양만의 문제는 아니지요. 질적인 면에서도 절대자에게 예속되어 '주님의 노예'로 사는 것과 자기 삶의 주인으로 살아 부처가 되는 가르침은 분명 다를 수밖에 없는 것입니다.

예불문 귀경게에 '지심귀명례 시방삼세 제망찰해 상주일체불타야중'이라는 구절이 있습니다. 여기서 '제망찰해'란 시방세계에 부처님의 보살핌이 그물망처럼 가득 차 있다는 의미입니다. 부처님은 이러한 은혜와 공덕을 가지고 계십니다. 그러므로 그 은혜를 다 못 갚은 중생은 부처님에게 참회를 해야 합니다. 참회를 한다는 것은 고목나무에서 새싹과 꽃을 피워 내는 일과 같습니다. 자신이 지은 많은 악업을 소멸해야 거기서 새 생명이 나오는 법입니다.

어떻습니까? 여러분은 자신이 행복하다고 생각하십니까?

이 세상의 모든 존재가 여러분을 위해 존재합니다. 그 은혜로움을 만끽하고 누려야 하지 않겠습니까? 나쁘게 생각하면 한없이 나쁘고 좋게 생각하면 한없이 좋은 것이 세상입니다. 우리의 죽음은 정해져 있고 인생이 긴 것 같아도 짧습니다. 세상에 대해 늘 감사하고 그 은혜로움에 가슴 벅찬 느낌을 가지면 내 삶도 분명 달라질 것입니다.

1부 기본 교리

업業과 윤회輪廻

연기緣起

오온五蘊, 십이처十二處, 십팔계十八界

● 업業과 윤회輪廻

업과 윤회 사상은 불교뿐 아니라 인도의 모든 사상과 종교의 근간이 되는 이론입니다. 인도인들은 죽은 다음 다시 태어나는 과정을 끝없이 되풀이한다고 생각했습니다. 이것이 우리가 알고 있는 윤회인데, 범어로는 삼사라saṃsāra입니다. 이집트에서는 사후의 어떤 세계가 존재한다고 믿어 미라를 만들었습니다. 기독교에서는 죽은 다음 천국과 지옥에 간다고 믿어 가난과 성실, 신앙을 중시합니다. 그리고 인도에서는 죽은 다음 다시 태어난다고 믿었습니다.

인도인들이 이렇게 생각하게 된 이유에는 사회적인 원인이 있습니다. 카스트caste라고 하는 계급제도가 고대부터 엄격하게 사회를 유지하고 있었습니다. 카스트는 브라만brāhmaṇa(사제), 크샤트리야kṣatriya(왕족 혹은 무사), 바이샤vaiśya(서민), 수드라śūdra(노예)의 4계급을 말합니다. 그리고 여기에 포함되지 않는 계급을 불가촉민不可觸民이라고 하는데, 노예보다 못한 계급입니다.

이 카스트제도에 따르면 인간은 태어나는 순간부터 부모의 계급에 따라 직업이 결정되며 죽을 때까지 바꿀 수 없습니다.

높은 카스트에 속한 사람은 낮은 카스트에 속한 사람 곁에만 가도 더럽혀진다고 할 정도로 엄격하였습니다. 카스트의 직업은 세습되는 것이며, 카스트 상호 간의 통혼通婚은 금지되었습니다. 계급별로 다닐 수 있는 길이 다르고 음식, 식당까지도 달랐습니다. 이렇게 엄격한 계급제도는 죽어서야 비로소 벗어날 수 있습니다. 그리고 다시 태어납니다. 즉 계급제도를 뛰어넘을 수 있는 방법은 죽음 후 다시 태어나는 것밖에 없다는 말입니다.

당시의 인도 사회에서는 신분은 태어나면서부터 결정되어 있는 것이었습니다. 그러나 부처님은 태어난 신분에 의해 신성하고 천한 것이 결정되는 것이 아니라, 그 사람의 행위에 따라 신성하고 천한 것이 결정된다고 하셨습니다. 그것은 내생에 내가 어떤 계급으로 태어나는가는 현생에서 어떤 업業을 지었느냐에 달려 있다고 하신 것입니다. 업이란 범어 까르마karma의 번역어이고 음역하여 갈마羯磨라고도 합니다. 업은 행위行為, 조작造作, 작용作用, 소작所作 등을 뜻합니다. 단순한 행위를 뜻하는 업은 이미 그 행위 속에 미래의 과보를 결정짓는 원인이 내포되어 있습니다. 즉 현생에서 어떤 행위를 했는가에 따라 그 과보로서 내생의 계급이 결정된다는 말입니다.

앞서 언급했듯이 이러한 업과 윤회의 사상은 인도 대부분의 철학과 종교의 기본입니다. 업을 어떻게 분류하고 분석하느냐, 또 그것이 윤회에 어떻게 반영되는가에 대한 주장에 따라 여러 학파로 나뉜 것뿐입니다. 불교 역시 예외는 아니었습니다. 다만 더 세련된 형태로 발전시켜서 윤회에 관한 형이상학적인 교리체계를 형성했습니다.

불교에서 말하는 업의 종류는 다양합니다. 그 가운데 가장 기본이 되는 것이 신身·구口·의意 삼업三業입니다. 즉 몸으로 저지르는 행위, 입으로 저지르는 행위, 마음속으로 저지르는 행위입니다. 우리의 행위는 이 세 가지를 통해 드러나기 때문에 선한 업은 선한 결과를, 악한 업은 악한 결과를 가져옵니다. 선한 행위가 가져오는 결과는 해탈에 방해가 되지 않겠지만 악한 행위는 다릅니다. 그래서 경전에서는 선한 행위보다 악한 행위에 대해 자세히 가르치고 있으며 그 때문에 우리가 '업'이라는 말을 할 때 나쁜 의미로 사용하는 경우가 더 많은 것입니다. 할머니들이 자주 하는 말로 "전부 전생의 내 업보 탓이야."라는 말을 떠올리면 이해가 될 것입니다.

신구의 삼업에서 초래하는 악업을 조금 더 구체적으로 설명하면 열 가지로 나누어 볼 수 있습니다.

몸으로 짓는 신업에는 세 가지가 있습니다. 첫째, 살아 있는 목숨을 죽이는 것(殺生), 둘째, 남이 주지 않는 것을 취하는 것

(偸盜), 셋째, 아내나 남편이 아닌 자와 음탕한 짓을 하는 것(邪淫) 등이 있습니다.

입으로 짓는 구업에는 네 가지 종류가 있습니다. 첫째, 거짓말(妄語), 둘째, 이간질하는 말(兩舌), 셋째, 추한 말(惡口), 넷째, 꾸며대는 말(綺語) 등이 그것입니다.

마음속으로 짓는 의업에도 세 가지가 있습니다. 첫째, 탐내는 것(貪欲), 둘째, 미워하고 성내는 것(瞋欲), 셋째, 삿된 소견(邪見) 등이 그것입니다.

여기에서 주목해야 할 것은 바로 입으로 짓는 나쁜 행위가 네 가지로 다른 것보다 많다는 것입니다. 이는 인간의 사회적 관계가 언어를 통해 이루어지므로 올바르지 못한 언어생활이 인간관계를 파괴한다는 철학적 성찰이 반영되어 있습니다. 또한 일반 사회법과 다르게 마음속으로 행한 나쁜 생각조차도 똑같이 악업으로 분류하고 있다는 것에 주목해야 합니다.

이상의 신업·구업·의업의 나쁜 행위 열 가지를 십악업十惡業, 십불선업도十不善業道(daśākuśala-karma-pathāni)라고 합니다.

인간이 할 수 있는 행위의 수만큼 업의 종류가 다양하고 그로 인한 과보의 크기도 다양합니다. 물론 이러한 악업의 결과는 내생에 불행한 결과를 가져옵니다. 과보를 받는 것은 현생

일 수도 있고 바로 다음 생일 수도 있고 아니면 몇 생 후에 받을 수도 있습니다. 어쨌든 과거와 현재에 쌓은 업으로 인해 우리는 육도 가운데 한 곳에 다시 태어납니다. 여기에는 지옥에서부터 천상세계까지 포함되어 있습니다. 깨달음을 얻어 윤회의 세계에서 해탈하지 않는 한 끊임없이 고통스러운 생사의 반복을 벗어날 수 없고, 그래서 끝없는 생사의 바퀴돌이 속에 헤매게 되는 것입니다. 육도六道의 내용을 살펴보도록 하지요.

① 천상세계(天道, deva-gati) : 신神적 존재들의 세계. 최상의 즐거움과 행복만이 있는 곳이지만, 천상의 과보가 다하면 다른 세계로 떨어져야 하고 언젠가는 헤어져야 한다는 별리別離의 아픔은 남아 있는 곳입니다. 천상계는 자기를 희생해 가면서 자신이 아닌 남을 위해 일정한 신앙을 가지고 정진 수행하는 사람들에게 해당되는 곳입니다. 비록 자신은 괴로움을 당해 가면서도 공공의 생활을 우선적으로 생각하고 타인의 복리를 위해 전력하는 사람들이 속하는 것이라고 할 수 있습니다.

천상계는 인간이 하기 어려운 행을 하였거나, 고행을 하였거나 혹은 신앙을 가졌거나, 수많은 자성을 베푼 사람들이 태어나는 곳입니다. 이러한 천상계는 육체 같은 것은 없으며, 수명도 매우 긴 편입니다. 그러나 천상이라 해서 한번 태어나면 영원히 천상의 세계에 머무는 것이 아니라 역시 과보의 유연함과 망상이 있기 때문에 천상에서 지옥이나 축생으로 떨어질 때도 있습니다.

② 인간세계(人間道, manuṣya-gati) : 즐거움과 괴로움이 반반인 곳으로 크고 작음의 성취와 행복은 있지만 끊임없이 괴로워할 수밖에 없는 생존 형태입니다. 인간으로 환생하는 것에는 여러 가지의 형태가 있으나, 인간으로 태어난 이상에는 균등하게 인간으로서 권능에 차별이 존재하지 않습니다. 누구라도 선인善人이 되며 선업을 닦을 수 있다는 것은 말할 것도 없습니다. 그러므로 인간계는 어른다운 어른, 자식다운 자식 등 분수에 맞는 형제우애와 친구 간의 우정, 그리고 굶주리지 않으며, 포식하지 않으며, 교만 없이 고통 당하지 않을 정도면 인간의 세계에 속한다고 할 수 있습니다. 인간계는 도덕을 지니고 살아가는 사람, 인륜人倫을 지킨 사람들이 태어나는 세계이며, 때로는 천인天人이 타락하여 출생할 수도 있으며, 축생이 상생하여 오는 수도 있는 곳입니다.

③ 아수라세계(修羅道, asura-gati) : 악신惡神이라 불리는 존재들의 세계. 난폭하며 다투고 죽이는 물리적 힘의 세계입니다.

지나친 승부욕, 중상모략 등을 일삼는 자들이 여기에 속하게 됩니다. 이들은 오늘을 적당히 사는 부류들입니다. 혹세무민惑世誣民하는 정치가들, 이익이 남는 일이라면 무엇이라도 하고 어떠한 행동을 해도 정당하다고 생각하는 자본가와 상인들이 여기에 속한다고 할 수 있습니다.

④ 축생의 세계(畜生道, tiryagyoni-gati) : 동물의 세계. 이성과 지혜가 무시된 채 야수적 본능이 지배하는 세계입니다. 이곳은 짐승, 새, 벌레, 물고기의 총칭으로 수중, 육상, 공중 등 이르는 곳마다 있으므로 대해大海가 본거지라 할 수 있습니다. 축생의 수명은 대부분 인간보다 짧은 것이 특징입니다. 따라서 악업으로 인하여 축생계에 한번 떨어지면, 한 번만으로 끝나는 것이 아니고 몇 번이고 되풀이해서 동일한 곳으로 환생하게 됩니다. 가령 인간이 자신의 업보로 인하여 소로 태어나게 되면 업보에 따라 세 번, 네 번 소로 태어나게 된다는 것입니다. 이것은 지옥이나 아귀에 비해 축생의 수명이 짧기 때문에 업과業果에 따라 몇십 회 몇천 회 할 것 없이 같은 축생으로 환생하게 되는 일도 있다는 것입니다.

축생의 세계는 오만무례한 사람, 허울 좋은 사람, 탐하는 사람, 허영에 날뛰는 사람, 질투가 많은 사람, 어리석은 사람, 거만하며 건방진 사람, 학문을 왜곡하고 세상을 비웃는 사람, 명문가문의 후손임을 앞세워 목에 힘주면서 세상을 속이고 사람을 속여 어지럽히는 사람들이 가는 세계입니다.

⑤ 아귀의 세계(餓鬼道, preta-gati) : 굶주림의 고통 속에 헤매는 생존 형태입니다. 아귀의 세계는 어디든지 존재하고 있습니다. 이곳은 지옥에 떨어졌던 사람이 그곳에서 받아야 할 고통을 다 받고 나면 다음 형으로 떨어지게 되는 곳이라고 합니다. 그 외에도 아귀의 세계에 떨어진 자는 인간으로 지낼 때 탐욕의 마음이 강하여 다른 사람에게는 베풀 줄을 모르고, 하인들을 학대한 자, 빈부귀천에 관계없이 놀면서 음식을 탐하는 자, 국가와 사회에 불만을 조장하는 자들이 그 과보로 떨어지는 곳이라고 할 수 있습니다.

사실 아귀의 세계는 지옥만큼이나 두려워해야 하는 곳입니다. 아귀에는 3종, 9종, 36종의 구별이 있습니다. 어느 것이나 3회의 고통을 받는다고 합니다. 종류에 따라서는 사람의 침이나 가래 따위를 즐겨 먹으며 또 그것마저도 먹을 수 없을 때도 있다고 합니다. 물을 마시고자 시내에 가게 되면 시냇물이 모두 불이 되어 타오르며, 괴로운 생각이 불이 되어 몸을 태우는 괴로움이 하루에 세 번 있습니다. 인간이었을 때는 미인이었던 사람이 아귀세계에서는 고목과 같이 뼈만 앙상하게 마르게 되고, 색은 잿빛이며 미풍에도 날아갈 것 같으며 중풍환자처럼 다리도 떨게 된다고 합니다.

아귀의 세계에서는 처음에는 사람의 말을 사용하나 괴로운 불에 시달림을 받게 되면 마침내는 아귀들만이 알아들을 수 있는 말을 사용하게 된다고 합니다. 아귀도에서의 수명은 1개월을 하루로 하여 500세, 더 나아가 인간의 일만 오천 세로부터 길게는 백팔십만 세까지 가는 수도 있다고 합니다.

배고픔에 허덕이면서도 형편상 먹지 못하는 것이 아귀입니다. 이곳은 도적이나 인색한 사람, 또 부유한 사람으로서 자기는 호화스럽고 사치스런 생활을 누리면서 남에게는 베풀 줄 모르는 사람들이 가는 세계입니다.

⑥ 지옥세계(地獄道, naraka-gati) : 극악한 죄를 저지른 이들이 가는 세계. 끝없는 고통의 연속입니다. 지옥에는 매우 종류가 많으나 팔한지옥八寒地獄, 팔열지옥八熱地獄 등이 있습니다. 문자 그대로 아주 덥고 아주 추운 곳을 말합니다. 또 암흑이라는 뜻도 가지고 있기 때문에 탄광 같은 곳으로 비교될 수도 있습니다. 지옥은 지하에만 있는 것이 아니고 인간세계 인류사회 안에도 존재하고 있다고 할 수 있습니다. 이것을 고지옥孤地獄

이라 하며 각기 별도로 존재하여 거기에 상당하는 악업의 대가를 치르게 되는 곳입니다.

이 지옥에 떨어진 사람들은 처음에는 생전에 사용하던 말을 사용하지만 한번 팔열·팔한 지옥에 빠지게 되면 이미 말을 할 수 없게 되고 반벙어리 같은 소리를 내며 신음하게 되고 그로부터 차차 앓는 소리와 함께 울며 부르짖는 소리를 하게 됩니다. 이 같은 지옥은 인간세계에서나 천상세계에서 악업惡業을 행한 자가 가는 곳이라고 할 수 있습니다.

위의 육도는 불교에서 제시하는 윤리관에 중요한 역할을 합니다. 우리가 지금은 인간이지만 내생에 동물이 될지 그 이하가 될지 모르는 일입니다. 또 내가 오늘 먹은 고기가 내 조상의 육신이었을지도 모릅니다. 그래서 불교에서는 살생을 금지하고 폭력 등으로 해치는 것도 만류하는 것입니다. 내가 타인 혹은 다른 생명에게 저지른 나쁜 행위는 결국 나에게 하는 행위나 다름없음을 알아야 합니다. 이러한 점에서 불교의 윤회관은 평등한 생명관을 가지고 있습니다. 나 이외의 다른 생명들, 즉 동물이나 미물이라 할지라도 그것이 곧 나의 다른 모습일 수도 있으며 내세에 내가 저와 같은 모습으로 태어날 수도 있기 때문에 모든 생명체를 평등한 입장에서 바라볼 수 있어야 합니다.

인간을 포함한 모든 생명체는 태어나는 순간부터 이 삼업을 거듭하게 됩니다. 이러한 삼업을 거듭함으로써 여러 가지 결과들을 낳게 됩니다. 그 과보로 나의 다음 삶을 결정짓게 되는 것입니다. 즉 우리들의 고통과 즐거움의 과보는 우리가 스스로 지은 업에 의한 것입니다. 그렇다면 업을 짓게 하는 원인은 무엇일까? 그것은 우리의 마음이 흐려서 사물의 이치를 있는 그대로 판단하지 못하는 상태에 있기 때문입니다. 사실 사물의 이치를 있는 그대로 안다면 그에 맞는 행동을 하게 될 터인즉, 괴로운 과보를 초래할 리가 없습니다.

부처님이 지혜를 강조하신 까닭도 이 때문입니다. 지금 내 처지가 행복하다고 해서 만족하고, 나보다 못한 사람을 업신여기는 것은 어리석다고 할 수 있습니다. 업과 윤회의 실상을 알면 현실을 게을리 살 수 없고 조그만 과오에도 참회하는 삶을 살아야 마땅합니다.

● 연기 緣起

"이것이 있으므로 저것이 있다. 이것이 없으면 저것도 없다."

연기의 법칙은 불교에서 가장 중요하게 다루어 온 교리입니다. 우선 그 말의 의미를 살펴보지요.

우리가 연기緣起라고 부르는 한자어는 인연생기因緣生起의 줄임말이며, 범어梵語(Sanskrit) 쁘라띠뜨야 삼우뜨빠다(pratītya-samutpāda, Pāli어 paticca-samuppāda)의 번역어입니다. '쁘라띠뜨야'는 '서로서로에 의해'라는 뜻이고 '삼우뜨빠다'는 '생기生起하다'라는 뜻이니, 말 그대로 번역하면 '서로서로 의지해서 일어난다'라는 의미로 이해할 수 있습니다.

이것을 한역해서 인연생기因緣生起로 옮긴 것입니다. 즉 '서로서로에 의해'란 '인因과 연緣에 의해'로 설명할 수 있습니다. 여기서 인因이란 직접적인 원인을 말하는 것이고 연緣이란 간접적인 원인을 말합니다. 결국 연기법이란 '모든 사물은 홀로 존재하지 않고 상호 의존관계를 벗어날 수 없으며, 생성과 소멸은 항상 관계성을 지닌다' 정도로 정의할 수 있습니다. 혹은 '모든 것은 원인과 조건이 있어야 생겨나고 원인과 조건이 없어지면 소멸하는 것이다. 모든 것은 홀로 존재하지 않고 상호 관계 속에서 존재한다'고 이해할 수도 있습니다.

부처님께서는 이러한 내용을 『잡아함경』에서 비유를 통해 설명하셨습니다. 어느 날 부처님께서는 제자들에게 두 묶음의 갈대를 가져오라고 하셨습니다. 한 제자가 갈대 두 묶음을 가져오자 그것들을 세워 보라고 하셨습니다. 갈대 묶음 하나로만은 세워 놓을 수 없었기 때문에 제자는 두 묶음을 서로 기대어서 세웠습니다. 즉 갈대가 서로 의지한 채 서 있도록 한 것입니다. 그러자 부처님이 이번에는 한쪽의 갈대를 치워 보라고 하셨습니다. 시키는 대로 하자마자 손대지 않은 갈대 묶음이 넘어져 버렸습니다. 갈대 묶음은 절대 혼자서는 서 있을 수 없으며 어느 한쪽이 다른 한쪽에 기대는 것이 아니라 똑같이 서로를 의지해 서 있는 것입니다. 부처님은 이것이 바로 연기법이라고 말씀하셨습니다.

"이것이 있으므로 저것도 있다. 이것이 생겨나므로 저것도 생겨난다. 이것이 없으므로 저것도 없다. 이것이 멸하므로 저것도 멸한다."

이 말은 곧 이 세상의 모든 사물 사이에 존재하는 인과 질서를 아무런 꾸밈없이 그대로 나타낸 말입니다. 바로 서로 의지해야만 존재할 수 있는 상대적인 우주관을 말씀하신 것입니다. 모든 사물은 연기 속에서 존재합니다. 그 어떤 것도 홀로 존재할 수 있는 독자성이나, 영원히 변하지 않는 영속성을 가진 것은 없습니다. 서로 의지하고 관련을 맺으면서 생성과 소멸을 거듭할 뿐입니다.

모든 사물은 상호 의존관계에 있으며 그것을 벗어나서는 존재할 수 없습니다. 생성과 소멸은 항상 어떤 관계성을 가지며 이 모든 것은 원인과 조건이 있어야 생겨나고 원인과 조건이 없어지면 소멸하는 것입니다.

이 간단한 이론은 초기불교를 부파불교로 나누게 되는 주요 논제論題 중 하나입니다. 연기법의 핵심은 '이 세상의 모든 일과 만물은 항상 서로 관계되어 존재하며 혼자 스스로 존재하는 것은 없다'는 것입니다. 그렇기 때문에 '이는 곧 이 세상의 일체법 가운데 불변적·고정적 실체라고 말할 수 있는 것은 하나도 없다'는 이론이 성립합니다. 즉 연기법은 공空 사상을 이론적으로 뒷받침하는 사상입니다. 부처님께서 "연기를 보는 자는 나를 보고 나를 보는 자는 연기를 본다."라고 말씀하실 정도로 연기법을 강조하신 것도 이러한 이유에서입니다.

연기의 법칙은 단순한 인과관계에서부터 사회적인 상호관

계, 삼라만상의 존재 원리를 이해하는 데 기본이 됩니다. 뿐만 아니라 도덕적인 선과 악, 업의 형성과 과보를 이해하는 데까지 모두 적용됩니다. 부처님께서는 이 가운데서도 특히 인간의 탄생과 죽음을 설명하기 위해 십이연기十二緣起를 설하셨습니다. 불교가 지혜를 추구하는 종교라는 것을 이해한다면 부처님께서 왜 하필 생멸生滅의 문제에 관심을 가지셨는지 이해할 수 있을 것입니다.

이 문제는 당시의 사상사적인 원인이 있었기 때문이기도 합니다. 부처님 당시에는 여러 종류의 사상가들이 있었는데 어떤 이들은 인생을 논할 때 '자아自我(atman)'라고 하는 불변의 실체를 통하여 생각하곤 했습니다. 또 다른 이들은 자아를 부정하고 그 결과 삶의 연속성은 물론 도덕이나 영적인 것들 역시 부정하였습니다. 또한 세상은 물론 삶까지 창조하고 유지한다고 하는 전지전능한 존재를 믿는 사람들도 있었습니다.

부처님은 이들이 주장하는 이론은 잘못된 것이라고 지적하셨습니다. 그리고 자아나 신神을 인정하지 않고 또 그것들에 대한 절대부정에 빠지지 않으면서 사물의 본질과 인간의 삶을 설명하기 위하여 십이연기를 설하신 것입니다. 연기의 열두 가지 연결고리는 다음과 같습니다.

① 무명無明(avidyā) : 근본적인 어리석음

② 행行(saṃskāra) : 잠재적인 무의식력

③ 식識(vijñāna) : 마음의 단초

④ 명색明色(nāma-rūpa) : 이름과 물질

⑤ 육입六入(ṣaṃ-āyatana) : 여섯 가지의 감각기관

⑥ 촉觸(sparśa) : 느낌(만남)

⑦ 수受(vedanā) : 감수작용

⑧ 애愛(tṛṣṇā) : 사랑하고 미워하는 일

⑨ 취取(upādāna) : 집착

⑩ 유有(bhava) : 존재

⑪ 생生(jāti) : 태어남

⑫ 노사老死(jarā-maraṇa) : 늙어 죽음

이 열두 가지 연결고리를 순서대로 이해하면 인간이 고통의 바다(苦海)에서 벗어나지 못하는 과정을 알 수 있습니다. 반대로 순서를 거꾸로 이해하면 그 원인을 설명하고 있음을 알 수 있습니다. 여기에서는 인간이 고통을 참아 내고 견디며 살아야 한다는 뜻의 사바세계娑婆世界에 살게 된 원인을 중심으로 살펴보도록 하지요. 다시 말해 지금 현재를 말하는 열두 번째 노사老死에서부터 시작해 봅시다.

인간이 절대 해결할 수 없는 가장 큰 고통, 왜 사람은 늙어 죽어야 할까? 태어났기 때문입니다(生). 왜 태어나지 않을 수 없을까? 존재가 있기 때문입니다(有). 존재는 집착에서 비롯됩니다(取). 집착은 사랑의 감정 때문에 생깁니다(愛). 사랑은 느낌으로부터 일어납니다(受). 느낌은 만남이 있기 때문입니다(觸). 만남은 여섯 가지 감각기관 때문에 일어납니다(六入). 감각기관은 이름과 물질에 연유합니다(名色). 이름과 물질은 마음 때문에 생깁니다(識). 마음은 무의식적 힘 때문에 생깁니다(行). 무의식적인 잠재력은 무명으로 말미암아 생깁니다(無明).

따라서 인간이 태어나고 죽는 근본적인 원인은 무명 때문이라는 결론에 도달합니다. 무명이란 인간이 피할 수 없는 조건입니다. 깨닫지 못한 인간은 근본적인 어리석음을 가지고 있습니다. 그래서 늙고 죽음에 이르는 인간의 참모습을 극복하기 위해서 무엇보다 무명에서 벗어나야 합니다. 그러나 여기서 우리가 알아야 할 것은 십이연기가 단순히 무명으로 시작한다고 생각해서는 안 된다는 것입니다. 무명으로 시작되는 십이연기는 단순한 순차적인 나열일 뿐입니다. 십이연기의 열두 고리는 서로 꼬리를 물고 이어지는 순환관계입니다. 깨달음을 얻지 못하고 늙어 죽음에 이르렀기 때문에 다음 생에 다시 무명을 안고 태어나는 것입니다.

이러한 것을 현재 살아가고 있는 우리들의 입장에서 다시 바라본다면 마지막의 세 단계, 즉 유有→생生→노사老死가 앞으로 다가올 내생來生이며 그 앞의 단계는 전생前生과 금생今生으로 이해할 수 있습니다. 과거·현재·미래를 살아가는 인간의 참모습을 십이연기가 설명하고 있는 것입니다.

그렇다면 십이연기를 알고 난 다음의 올바른 불교인의 삶이란 어떤 것일까? 그것은 바로 이 열두 가지의 고리를 하나하나 극복해 나가는 삶입니다. 만약 무명에 의해서 악업을 계속 지으며 살아간다면 영원히 돌고 도는 윤회의 고리를 벗어날 수 없을 것입니다. 불교에서는 이러한 무명에 의해 돌고 돌면서 윤회하는 삶을 유전연기流轉緣起라고 합니다.

반면에 십이연기의 열두 고리를 하나하나 극복해 나가는 창조적인 삶을 환멸연기還滅緣起라고 합니다. 고통에서 벗어난 자유로운 삶을 구하고자 한다면 마땅히 환멸연기에 의한 삶을 살아야 할 것입니다.

● 오온五蘊, 십이처十二處, 십팔계十八界

사물을 인식하는 주체가 변하지 않는 실체라고 집착하는 데서 중생의 고통이 옵니다. 하지만 이 주체는 사물을 인식할 때 잠시 결합했을 뿐이지 궁극적으로 실재하는 것이라 할 수 없습니다. 이때 일시적인 결합이란 바로 오온의 결합을 말합니다. 그러므로 오온은 일체법의 무상無常(anitya)을 알리기 위해 부처님께서 설하신 것입니다. 쉽게 말하면 다음과 같이 정리할 수 있습니다.

> 우리의 자아란 없다. 단지 대상과의 접촉에서 인식주체로 알려질 뿐이다. 하지만 그것은 오온의 일시적인 결합일 뿐 참 실재는 아니다.

외부의 세계도 마찬가지입니다. 오온이라는 다섯 가지의 요소들이 임시로 결합된 것이 '나'라는 존재의 본질임을 바로 알아야 합니다. 우리의 육근과 그 대상이 만났을 때 외부 대상이 존재하는데 이것을 십이처라고 합니다. 또 여기에서 여섯 가지 인식이 일어날 때 세계가 형성되고 상호작용이 일어납니다. 이것이 십팔계입니다.

1. 오온五蘊

인간을 살펴볼 때 육신과 정신으로 이루어져 있는데, 정신의 영역에서 어떠한 인식활동이 일어나는가를 살펴보겠습니다. 물질적인 사물을 보고, 인식하고, 분별하는 작용의 과정을 오온에서 살펴볼 수 있는 것이지요.

오온은 범어 빤차 스칸다(pañca-skandha)의 의역으로, '오음五陰', '오중五衆'이라고도 번역합니다. '온蘊'이란 적취, 총류, 집합체라는 뜻입니다. 즉 같은 종류의 뜻이 모여서 하나의 집합을 이룬 것을 온이라고 합니다. 궁극의 한 단위나 분자가 아니라 복잡한 집합체로 이해할 수 있겠습니다.

오온은 인간과 만물을 구성하는 다섯 가지, 즉 색色·수受·상想·행行·식識 등을 말합니다. 넓은 의미로는 일체의 인연 화합으로 이루어진 사물에 대한 총체적 개괄입니다. 다시 말해 물질세계(色蘊)와 정신세계(受·想·行·識)를 의미합니다.

그렇다면 오온을 하나하나 살펴보도록 하지요.

① 색온色蘊(rūpa-akandha) : 인간의 육체까지 포함한 모든 물질적인 것을 총칭하는 말입니다. 불교에서는 색色에 걸림(質

碍), 변괴變壞, 겉으로 드러남(顯現)의 의미가 있다고 이해합니다. 걸림이란 물체에 바탕이 있어서 서로가 장애가 되어 들어갈 수 없음을 말합니다. 변괴는 물체에 걸림이 있어서 칼을 대거나 막대기로 치면 잘리게 되는 것입니다. 겉으로 드러남이란 형상이 있어서 표시가 나는 것입니다. 색온을 구체적으로 말한다면 사람의 신체, 즉 눈·귀·코·혀·몸의 다섯 감각기관인 오근五根과 그 오근에 상응하는 색깔·소리·냄새·맛·감촉의 오경五境을 들 수 있습니다. 이외에도 불교의 일부 학파에서는 무표색無表色까지 가리키기도 합니다. 무표색이란 몸이나 입으로 업을 지어 몸 안에 생기게 되는 일종의 형체가 없고 겉으로 드러나지 않는 현상을 말합니다.

색은 우리가 지각할 수 있는 외부세계의 모든 것과 우리의 감각기관으로는 지각할 수는 없지만 존재하는 것, 즉 인간이 지은 업(身業·口業)까지 포함한 것으로 인간의 정신활동과 지각활동을 제외한 나머지를 말합니다.

② 수온受蘊(vedanā-skandha) : 느끼는 감각작용을 말합니다. 외부세계가 눈, 귀, 코, 혀, 몸(五根)에 작용해서 생겨나게 된 느낌입니다. 이것으로 말미암아 사람은 '즐거움(樂受)', '괴로움(苦受)', '즐겁지도 괴롭지도 않음(不苦不樂受)'의 세 가지 다른 느낌

을 가지게 됩니다. 따라서 수온은 인간이 오근을 통해 받아들이게 된 것에 대한 느낌을 의미합니다. 또한 수온은 판단 이전의 단계로써 인간이 상온想蘊을 가지게 되는 원인입니다.

③ 상온想蘊(saṃjñā-skandha) : 이성활동, 개념활동입니다. 사람은 대상이 지니는 특징에 대해 상相(lakṣaṇa)을 가지게 됩니다. 그리고 상에 집착하여 그 대상을 이름 짓거나 판단하게 됩니다. 이러한 일련의 정신활동을 상想(saṃjñā)이라고 합니다. 다시 말해 상온은 대상의 특징을 파악하고 그 특징에 대해 일정한 개념을 가지게 되는 것을 말합니다.

④ 행온行蘊(saṃskāra-skandha) : 심리활동, 의지활동, 사유활동 등의 작용을 가리킵니다. 생각(思)에도 조작의 의미가 있는데 이것이 곧 행行입니다. 생각(思)은 신身·구口·의意 삼업 중 의업意業에 해당하는데, 의향, 동기 등의 사유활동입니다. 또 수受, 상想을 제외한 모든 심리활동을 총칭하여 행온行蘊이라고 합니다. 행온은 조작과 의지가 포함된 의식작용이기 때문에 적극적인 이성활동이라고 볼 수 있습니다.

⑤ 식온識蘊(vijñāna-skandha) : 식識은 분별分別해 낸다는 뜻입

니다. 대상에 대해서 분별하여 알아내는 것을 식識이라고 합니다. 식은 또한 인식의 활동 과정의 결과입니다. 식은 사물의 본질을 파악하고 이것과 저것의 차이를 지각하는 것이라고 이해할 수 있습니다. 이것은 단순한 분별 작용을 넘어서 의도적인 사고가 동반되므로, 대사의 본질을 파악하는 사고의 최종 단계라 생각할 수 있습니다.

이미 말씀드렸듯이 오온은 불교의 무아론無我論을 뒷받침합니다. 부처님은 '인무아人無我'를 설하셨는데, 이것은 사람이 오온의 화합으로 이루어진 것이며 실체가 없다는 이론의 기초 위에 세워진 것입니다.

부처님이 재세할 당시 인도의 사상계는 자아론 일색이었습니다. 살려는 욕구, 죽지 않으려는 욕구, 행복에 대한 욕구, 고통에 대한 혐오 등 자기 보존을 향한 인간의 근원적 갈구를 충족시키려 한 사상들이었습니다. 따라서 그들은 영원불변의 자아를 통해서 별 어려움 없이 환생, 영속성, 도덕적 책임 등의 많은 문제를 설명했습니다.

이에 비해 부처님께서는 불변의 자아를 부정했습니다. "인간은 오온의 결합일 뿐이며, 분절되고 단절된 것이 아니라 연기법에 의하여 연결되고 연속된 집합체"라고 설명합니다. 더욱

이 부처님은 수受·상想·행行·식識 등과 같은 것으로 대변되는 심리적 과정 이면에 행위의 주체, 또는 정신적 실체를 부정하였습니다.

부처님은 자아론의 두 가지 측면, 상주성常住性과 주체성主體性에 대하여 비판하였습니다. 이 점이 불교를 허무주의로 오해하게 만들기도 합니다. 분명한 것은 부처님은 영원한 유有도 무無도 부정하고 계시다는 점입니다.

십무기의 가운데 두 가지 물음, 첫째, 자아가 몸과 같은가? 둘째, 자아가 몸과 다른 것인가? 등의 질문에 대해 대답하지 않으셨습니다. 부처님은 침묵을 통해 무관심으로 대답하신 것입니다. 이는 부처님께서는 해탈을 위해 아무런 도움이 되지 않는다고 밝히시고, 그러한 형이상학적인 질문에 대해 답하지 않으셨습니다. 단견斷見에 빠지는 것을 경계하신 까닭입니다.

우리의 주체인 자아 문제 역시 거기에 포함됩니다. 전자는 영혼을 인정하지 않는 유물론자들의 물음이고, 후자는 우파니샤드의 철학자들이 물은 것입니다. 그러나 부처님에게 있어서 자아는 그것이 육체와 같든 다르든 간에 관계없이 형이상학적인 실재입니다. 간단히 말해 이는 경험으로부터 비롯된 것이 아닙니다. 따라서 부처님께서는 이러한 물음들을 다루지 않았습니다. 부처님께서 이러한 물음들에 침묵한 것은 초월적 실재를 부정하기보다는 그것이 논리적 추론의 영역에 속하지 않는 것임을 암시하고 있는 것입니다. 부처님께서는 심지어 신비적 경험으로도 이 초월적 자아를 알 수 없다고 했습니다. 따라서 이는 검증할 수 없는 형이상학적 실재인 것입니다.

불교의 무아론은 상주론과 단멸론의 양 극단의 중도를 취하고 있는 것으로 생각할 수 있습니다. 영원한 자아를 부정하면서도 유물론자들처럼 연속성을 부정하는 것을 반대하며 극단에 치우치지 않았습니다. 부처님께서는 이러한 무아론을 설명하기 위해 연기법을 설하신 것입니다. 이와 같이 무아론은 연기의 동의어라고도 볼 수 있습니다.

2. 십이처十二處

오온이 인간의 심법心法에 중점을 둔 만법萬法의 분류법이라면 십이처는 일체만유를 주관과 객관으로 나누어 물질적인 색법 위주로 설명한 분류법입니다. 십이처는 사람의 인식활동에 착안해서 내육처와 외육처로 구분합니다. 내육처는 육근六根(눈·귀·코·혀·몸·의지)이고 외육처는 육경六境(색깔·소리·냄새·맛·감촉·법)이며, 이 둘을 순서대로 하나씩 대응시켜 내외의 두 방면을 합하면 십이처가 됩니다. 다음은 부처님이 설하신 십이처에 관한 경전의 내용입니다.

> 이와 같이 나는 들었다.
>
> 어느 때 부처님께서는 슈라바스티국 제타숲의 외로운 이 돕는 동산에 계셨다. 이때 어떤 생문 바라문이 부처님 계신 곳에 나아가 서로 인사하고, 인사한 뒤에 한쪽에 물러 앉아 부처님께 여쭈었다.
>
> "고오타마시여, 이른바 일체란 어떤 것을 일체라 하나이까."
>
> 부처님께서는 바라문에게 말씀하셨다.
>
> "일체란 곧 열두 가지 포섭처(十二入處)이니, 눈과 색, 귀와 소리, 코와 냄새, 혀와 맛, 몸과 촉감, 의지와 법이다. 이것을 일체라 하느니라.
>
> 만일 다시 어떤 사람이 '이것은 일체가 아니다. 나는 이제 사문 고오타마가 말하는 일체를 버리고 따로 다른 일체를 세우겠다'고 말한다면 그것은 다만 말만 있을 뿐, 듣고도 알지 못하여 그 의혹만 더할 것이다. 무슨 까닭인가. 경계境界가 아니기 때문이니라."
>
> 이때 생문 바라문은 부처님 말씀을 듣고 기뻐하며 받들어 행하였다.
>
> ―『잡아함경』권13

불교는 신이나 우주의 원리와 같은 초월적인 진리에서부터 출발하는 것이 아니라 우리들이 인식할 수 있는 구체적인 현실세계의 관찰에서부터 시작합니다. 인간 중심의 세계관을 말하고 있는 것입니다. 십이처는 기본적으로 인간의 사유와 인식 안에 있는 범위 내에서 일체를 설명하고 있습니다. 즉 인간에게 인식되지 않는 것은 일단 존재하지 않는 것으로 간주합니다. 따라서 인간 중심의 세계관과도 밀접하게 연결되어 있음을 알 수 있습니다.

십이처는 일체만유一切萬有의 분류법으로 인간의 주관적인 요소는 눈(眼), 귀(耳), 코(鼻), 혀(舌), 몸(身), 의지(意)의 육근을 벗어날 수가 없고 인간에 대해 객관적인 요소인 색깔(色), 소리(聲), 냄새(香), 맛(味), 감촉(觸), 법法의 육경을 벗어날 수가 없습니다. 이것을 간단히 표현하자면 다음과 같습니다.

육근－眼根·耳根·鼻根·舌根·身根·意根(인식의 주체, 주관)
십이처 ↓   ↓   ↓   ↓   ↓   ↓
육경－色境·聲境·香境·味境·觸境·法境(인식의 대상, 객관)

십이처의 특징은 인간 중심적인 세계관 외에도 주체적 인간의 특징을 '의지'로 파악하고, 객체의 대상적 특징을 '법'으로 파악하고 있다는 사실에 주목해야 합니다. 의지라는 것은 자기 마음대로 할 수 있는 자유와 능동적인 힘이 있는 것을 의미합니다. 법은 어떤 원인이 있으면 반드시 그에 상응하는 결과를 나타내는 필연성을 지닌 것을 가리킵니다. 따라서 인간이 스스로 운명을 개척할 수 있다는 것을 십이처는 역설하고 있는 것입니다.

3. 십팔계十八界

십팔계十八界(aṣṭādaśa dhātavaḥ)란 육근六根(ṣaḍ indriyāṇi), 육경六境(ṣaḍ viṣayāḥ), 육식六識(ṣaḍ vijñāna)의 합을 말합니다. 우리의 모든 심리활동은 감각기관인 육근이 그 대상의 경계인 육경을 대하면서 이것은 이렇다 저것은 저렇다 하는 육식六識의 인식작용으로 이루어집니다. 다음은 십팔계를 설한 경전의 내용입니다.

> 이와 같이 나는 들었다.
> 어느 때 부처님께서는 슈라바스티국 제타숲의 외로운 이 돕는 동산에 계셨다. 그때에 세존께서는 모든 비구들에게 말씀하셨다.
> "갖가지 계층(界)을 인연하여 갖가지 부딪힘(觸)이 생기고,

갖가지 부딪힘을 인연하여 갖가지 느낌(受)이 생기며, 갖가지 느낌을 인연하여 갖가지 갈애(愛)가 생긴다.

어떤 것이 갖가지 계층인가. 이른바 열여덟 가지 계층(十八界)이니 눈의 계층(眼界)·색의 계층(色界)·눈의 식별의 계층(意識界)과 귀의 계층·소리의 계층·귀의 식별의 계층과 코의 계층·냄새의 계층·코의 식별의 계층과 혀의 계층·맛의 계층·혀의 식별의 계층과 몸의 계층·촉감의 계층·몸의 식별의 계층과 의지의 계층·법의 계층·의지의 식별의 계층이니, 이것을 갖가지 계층이라 한다.

어떻게 갖가지 계층을 인연하여 갖가지 부딪힘이 생기고, 갖가지 부딪힘을 인연하여 갖가지 느낌이 생기며, 갖가지 느낌을 인연하여 갖가지 갈애가 생기는가.

이른바 눈의 계층을 인연하여 눈의 부딪힘이 생기며, 눈의 부딪힘을 인연하여 눈의 계층이 생기는 것이 아니다. 다만 눈의 계층을 인연하여 눈의 부딪힘이 생기는 것이다.

눈의 부딪힘을 인연하여 눈의 느낌이 생기고, 눈의 느낌을 인연하여 눈의 부딪힘이 생기는 것이 아니다. 다만 눈의 부딪힘을 인연하여 눈의 느낌이 생기는 것이다.

눈의 느낌을 인연하여 눈의 갈애가 생기고, 눈의 갈애가 인연하여 눈의 느낌이 생기는 것이 아니다. 다만 눈의 느낌을 인연하여 눈의 갈애가 생기는 것이니라.

이와 같이 귀·코·혀·몸·의지의 계층을 인연하여 의지의 부딪힘이 생기고, 의지의 부딪힘을 인연하여 의지의 계층이 생기는 것이 아니다. 다만 의지의 계층을 인연하여 의지의 부딪힘이 생기는 것이다.

의지의 부딪힘을 인연하여 의지의 느낌이 생기고, 의지의 느낌을 인연하여 의지의 부딪힘이 생기는 것이 아니다. 다만 의지의 부딪힘을 인연하여 의지의 느낌이 생기는 것이다.

의지의 느낌을 인연하여 의지의 갈애가 생기고, 의지의 갈애를 인연하여 의지의 느낌이 생기는 것이 아니다. 다만 의지의 느낌을 인연하여 의지의 갈애가 생기는 것이다.

그러므로 비구들이여, 갖가지 갈애가 인연하여 갖가지 느낌이 생기는 것이 아니요, 갖가지 느낌을 인연하여 갖가지 부딪힘이 생기는 것이 아니며, 갖가지 부딪힘을 인연하여 갖가지 계층이 생기는 것이 아니다. 다만 갖가지 계층을 인연하여 갖가지 부딪힘이 생기고, 갖가지 부딪힘을 인연하여 갖가지 느낌이 생기며, 갖가지 느낌을 인연하여 갖가지 갈애가 생기는 것이니, 이것을 비구들이여, 마땅히 갖가지 계층을 잘 분별하라는 것이니라."

—『잡아함경』 권16

부처님께서 십팔계를 설하신 목적은 우리의 인식이 어떻게 성립하느냐를 설명하기 위한 것입니다. 십팔계를 육근六根과 육경六境과 육식六識을 합한 것으로 간단히 표현하면 다음과 같습니다.

> 六根 - 眼根·耳根·鼻根·舌根·身根·意根
> → 스스로 모든 업을 발생케 하고, 가지고 있으므로 根이라 한다.

> 六境 - 色境·聲境·香境·味境·觸境·法境
> → 청정한 마음을 오염시켜 번뇌를 생기게 하기 때문에 塵이라 한다.

> 六識 - 眼識·耳識·鼻識·舌識·身識·意識
> → 앞의 대상을 보고 헤아려 허망한 분별을 일으키기 때문에 識이라 한다.

여기서 식識은 '다르게 안다'라는 의미를 가지고 있습니다. 즉 현상계는 한시도 멈추어 있지 않고 일어났다(生) 잠시 머물고(住) 변해져서(異) 이내 사라집니다(滅). 그것은 순간순간 일어나는 것이므로 우리가 무엇을 한순간 보고 그것을 다시 보았다고 생각할 때는 이미 먼저 본 사실과는 달라져 있는 것입니다. 그런데도 일상적인 경험을 변화하기 전의 것으로 집착하고 있게 됩니다. 이것이 '다르게 앎'입니다.

예를 들어 안식眼識이 생기는 것은 육근인 눈(眼)을 원인(因)으로 그 대상인 물체(色)를 조건(緣)으로 서로 만날 때의 눈의 아는 바(識)가 생깁니다. 나아가 의지를 원인으로, 법을 연으로 하여 마음속의 알음알이가 생깁니다. 그러므로 불교 인식론의 입장에서 보면 주관(根)·객관(境)·알음알이(識) 셋이 합하여 이루어진다고 보고 있으므로 반드시 인因과 연緣의 관계를 맺고 있다고 보는 것입니다. 인연화합된 것이므로 무상無常한 것입니다.

부처님 말씀에 갖가지 경계(界)를 인연하여 갖가지 부딪힘(觸)이 생기고, 갖가지 부딪힘을 인연하여 갖가지 느낌(受)이 생기며, 갖가지 느낌을 인연하여 갖가지 욕망(愛)이 생긴다고 하였습니다. 이것은 눈에 보이는 경계 때문에 눈의 욕망이 생긴다는 것이니, 욕심이라는 것도 그냥 생기는 것이 아니라 조건에 따라서 생김을 뜻합니다. 그러나 조건이라는 것은 언제고 사라질 수 있는 것들입니다. 다시 말하여 실체가 없다는 뜻입니다. 그런데도 우리들은 조건이 없어진 후에도 없어지기 전의 것들에 집착하고 매달린다는 뜻입니다.

...
2부
...

수
행

계는 우리의 몸과 마음을 그릇된 곳에서 바른 길로 인도하기 위한 것이므로
형식적인 계목戒目이 문제가 아니라 올바른 습관을 갖도록 노력하는 것에
더 큰 의미가 있다고 할 수 있습니다.
계는 불자가 반드시 지켜야 할 기초로서 계를 지키지 아니하면
어떠한 공덕도 이룰 수 없고, 설사 고행하고 정진한다 하더라도
선법을 이루지 못하게 됩니다.

청정행의 정신을 다시 살리자

계율戒律은 생명의 질서를 유지하는 것이며, 우주와 하나 된 세계에서의 공생의 원리입니다. 또한 계율은 자신의 운명을 결정하는 요인이 되는 것입니다. 자신의 신구의 삼업을 깨끗하게 하여 평화롭고 행복하며 자유로운 세상을 만들어 가는 것입니다. 그중에서 핵심적인 것이 오계입니다.

오계五戒란 불자들이 지켜야 할 행위규범을 말하는데, 불교에서 강조하는 모든 계의 핵심이자 기본이 되는 것입니다. 구체적으로 말하면, 살생하지 않고(不殺生), 도둑질하지 않고(不偸盜), 사음하지 않고(不邪淫), 거짓말하지 않으며(不妄語), 술 마시지 않는 것(不飮酒)입니다. 불자뿐 아니라 불교라는 종교를 알기만 하는 사람도 한 번쯤은 들어 봤을 것입니다.

계율을 지키는 것은 부처님의 행, 즉 깨달음의 행을 닦아 가는 것입니다. 부처님 행을 행하며 부처님 공덕을 마음에서 이루면 이것이 깨달음으로 가는 올바른 수행이라 할 것입니다.

남의 허물 보기 전에 내 허물부터 보라

우리는 이 계를 지키고 실천함으로써 올바른 인간생활을 할 수 있습니다. 다음의 일화는 이러한 점을 잘 나타낸 것입니다.

부처님께서 열반하실 때 아난 존자가 부처님께 물었습니다.

"부처님께서 열반하신 후에는 누구를 스승 삼아서 공부해야 합니까?"

그러자 부처님께서 이렇게 답하셨습니다.

"계를 스승 삼아 공부하라. 남에게 해로움을 주면서 행복을 바라는 것은 도리에 어긋나는 것이다. 그러므로 불자들은 누구나 계를 생명처럼 소중히 생각하여야 하는 것이다."

이렇듯 계는 불자들이 지켜야 하는 생활의 규범입니다. 계는 우리의 몸과 마음을 그릇된 곳에서 바른 길로 인도하기 위한 것이므로 형식적인 계목戒目이 문제가 아니라 올바른 습관을 갖도록 노력하는 것에 더 큰 의미가 있다고 할 수 있습니다.

계는 불자가 반드시 지켜야 할 기초로서 계를 지키지 아니하면 어떠한 공덕도 이룰 수 없고, 설사 고행하고 정진한다 하더라도 선법을 이루지 못하게 됩니다. 부처님의 계법은 밖에서 처벌이 따르는 강제성보다 주로 자발적인 노력으로 지키게 되는 특성이 있습니다. 나쁜 마음을 먹거나 나쁜 행을 하면 나쁜 결과가 따르지만 그것은 밖에서 오는 처벌이 아니라 행위가 가져오는 당연한 결과입니다.

계율이라는 것은 단순히 무엇을 하지 말라는 것이 아닙니다. 대개는 무엇무엇을 하지 말라는 식으로 자연스러운 생활을 억제하거나 속박하는 것으로 받아들이기 쉽습니다. 그러나 계율은 속박하거나 무엇을 단순히 하지 말라는 것이 아닙니다. 계율의 근본은 중생의 어리석고 속박된 생활을 버리고 본래 갖추어진 자유스러운 마음을 드러내고 내면의 청정하고도 거룩한 아름다움을 드러내는 것입니다.

그리하여 자유 해탈을 이루는 것이 계학戒學의 진정한 덕목이라 할 수 있습니다. 하지 말라는 금계로 끝나는 것이 아니고, 적극적으로 선을 실천해서 아름답고 평화로운 자기 본연의 덕성을 발휘하고 실천하라는 행동 강령인 것입니다. 그러므로 계율은 무엇무엇을 하지 말라는 것이 아니라, 더 잘하라는 적극적인 의미를 가지고 있다고 생각해야 합니다.

그럼 지금부터 다섯 가지 계율의 덕목 하나하나에 담긴 의미와 우리의 실천에 대해서 말씀드리겠습니다. 이웃 종교에서 십계의 첫 번째는 나 이외 다른 신을 섬기지 말라는 것이지만, 불교에서 오계의 첫 번째는 모든 생명을 존중하라는 것부터 출발합니다. 신을 가장 중요하게 여기는 이웃 종교와 달리 불교에서는 생명을 가장 존귀하게 여기는 것입니다.

살생하지 마라

첫째, 살생을 하지 말라는 것입니다. 불살생의 본뜻은 생명을 존중하라는 데 있습니다. 생명은 절대 가치입니다. 남의 목숨을 죽이지 않는 것은 물론이고, 내 몸처럼 아끼고 보호해야 됩니다. 옛날 스님들은 길을 걸어갈 때 석장이라는 고리가 달린 지팡이를 짚고 다녔습니다. 고리에서 나는 소리를 듣고 발밑에 있는 미물들이 피해 가라고 한 것이지요. 부처님도 생명체에게 피해를 줄세라 살금살금 다니셨다고 합니다.

『사미율의沙彌律儀』에는 "겨울에 이가 생기거든 대통에 넣어 솜으로 덮고 먹을 것을 주라 하였으니 얼고 굶어 죽을 것을 염려한 것이며, 물을 걸러 먹고 등불을 덮고 고양이를 기르지 마라."고 하였는데, 이는 모두 생명을 살리는 자비심에서 비롯된 것입니다. 불교에서 생명을 가진 모든 것들은 모두가 부처가 될 수 있는 성질, 즉 불성佛性을 지니고 있기 때문입니다. 따라서 아무리 작은 미물 하나라도 함부로 다른 생명을 죽이거나 억압하거나 짓밟아서는 안 됩니다. 일체 중생의 생명은 누구나 다 똑같이 귀한 것이기 때문입니다.

미물의 입장에서 보면 그들이 세상에서 가장 소중한 존재이고 우리 인간들은 반대로 미물이 되는 것입니다. 우리들이 하찮게 여기는 파리 한 마리의 목숨조차도 결코 가볍게 여겨서는 안 됩니다. 파리에게도 인간 목숨 못지않게 중요한 생명이 있는 것이고, 나와 똑같이 살아야 할 권리가 있습니다. 다른 사람의 인격을 존중하고, 항상 그 생명이 잘 살아가도록 보살펴야 합니다. 자신의 생명이 중요하면 다른 생명도 똑같이 중요하다는 것입니다.

우리가 세상을 살아가면서 불살생계를 그대로 다 지킬 수는 없는 노릇입니다. 사람이 생명을 유지하려면 무엇인가를 먹어야 하는데 그것이 바로 살생을 저지르는 것이 되기 때문이지요. 그러면 어떻게 해야만 불살생계를 지킬 수 있겠습니까? 비록 우리가 업이 두터워 중생계에 살며 그것을 취하더라도 그 생명의 존엄성을 잘 생각해서 육식을 하더라도 '내가 너를 먹고 있으나 이 공덕으로 반드시 다음 생에는 환생해서 성불을 해라' 이런 마음을 가져야 한다는 얘기입니다. 육식을 하더라도 '너는 약한 자니까 나한테 먹혀도 된다' 이런 마음으로 잔인하게 씹어 먹는 것은 이것은 불살생계의 도리가 아닙니다. 비록 우리가 육식을 하더라도 미안한 것을 알고, 또 그 생명의 소중함을 생각하며 먹어야 합니다.

즉 모든 생명을 내 생명과 똑같이 생각해서 자비롭게 감싸주고 나아가 모든 생명을 살려야 합니다. 그럼 불교에서 말하는 불살생이 단지 살아 있는 생명을 죽이지 말라는 뜻만 있겠습니까? 근거도 없이 남을 헐뜯거나 의심하고, 단지 추측에 불과한 몇 마디 말로 남의 마음에 상처를 입히는 것도 살생이며, 더구나 귀중한 남의 자존심에 상처를 입힌다면 커다란 살생이 될 것입니다. 또한 사물의 본질을 쓸모없게 만드는 것 역시 살생인 것입니다. 화가 난다고 물건을 부수거나 자기 욕심만을 채우려고 다른 사람과 다투는 것 역시 살생이지요.

이를 어기면 다음 생에 불구자나 병자로 태어납니다.

남의 것을 탐하지 마라

두 번째는 도둑질을 하지 말라는 것입니다. 다른 사람이 주지 아니한 물건을 알게 모르게 빼앗거나 훔치지 않는다는 것을 말합니다. 이것은 눈에 보이는 행위만 말하는 것이 아닙니다. 직접 훔치는 것도 도둑질이지만 자신의 권력과 지위를 이용하여 재물을 모으고, 욕심에 눈이 어두워 남한테 인색하게 굴어 자기 이익만을 취하며, 사돈이 땅을 사면 배가 아프다고 남이 부귀해지는 걸 질투하여 가난해지길 바라는 것 모두가 도둑질입니다.

또 직장에서도 겨우 책임만 모면할 정도로 일하는 시늉만 내고 항상 게으름과 늑장을 부려 일을 그르치는 것도 다른 사람들의 시간을 도둑질한 것이 됩니다. 귀한 재물을 소비하며, 긴요한 일을 당해서는 마음속으로 별로 대수롭지 않게 여기는 일 등도 남의 재물을 필요 이상으로 축내는 것이니, 모두 도둑질이나 다름없습니다.

불투도라는 것은 마음이 재물에 대한 탐욕으로부터 떠나는 것이고 적극적인 의미로 보면 보시를 베푸는 것이며, 나아가 한량없는 복덕을 지으며 항상 베풀어 주는 것을 열심히 해서 도둑질한 죄를 소멸시키라는 것입니다. 항상 보시를 좋아하고 기뻐하여 아낌이 없고 그 갚음을 바라지 않는 마음이 도둑질한 죄를 소멸시키는 것입니다. 그러므로 베푸는 것을 열심히 하셔야 합니다.

이것을 안 지키면 아귀보를 받고, 가난한 몸을 받게 됩니다.

음행하지 마라

세 번째는 삿된 음행을 하지 말라는 것입니다. 자기의 남편이나 아내 외에 다른 사람과 관계를 맺는 것이 삿된 음행입니다. 부부의 연을 맺어 한 가정을 꾸려 가면서 외도를 하게 되면 온갖 불화가 일어나고 결국은 패가망신하게 됩니다. 한 가정의 파탄은 남편과 부인의 이별로 끝나는 것이 아니라 그 가정과 자녀에게까지 영향을 미치게 됩니다.

이로 인해 아이는 마음에 큰 상처를 입게 될 것이고 교육과 성장에도 큰 타격을 주게 되는 것이지요. 불사음이라는 것은 결국 잘못을 저지른 나 자신에서 끝나는 것이 아니라 온 가족의 마음을 더럽히게 됩니다.

이를 어기면 남들이 혐오하는 축생으로 태어나게 됩니다.

거짓말을 하지 마라

네 번째는 망령된 말을 하지 말라는 것입니다. 거짓말을 하지 말고 입을 조심하여 항상 진실한 말만을 하며 살아가야 합니다. 우리가 습관처럼 망령된 말을 하게 되면 그것이 업이 되어서 업보가 고스란히 나에게 오게 됩니다. 이런 행동을 하면 입도 더러워지고 생각도 더러워지고 주변도 더러워지고 나와 더불어 사는 사람도 더러워집니다.

삼사일언三思一言이라는 말이 있습니다. 한마디 말을 하기 전에 세 번을 생각하고 하라는 뜻입니다. 말을 조심하면 큰 죄악을 짓는 것을 피할 수 있습니다. 또 가족이나 아무리 친한 사이의 친구라 할지라도 거짓이나 이간질, 남의 험담을 하게 되면 신뢰를 잃게 됩니다. 한 번 신뢰를 잃으면 비록 진실로 말한다 해도 결국은 아무도 믿어 주지 않습니다. 이것을 어기면 다음 생에 신용이 없어 남들이 불신하는 사람으로 태어납니다.

말을 조심함으로써 한 생명을 살린 스님의 이야기가 있습니다.

한 스님이 탁발을 나갔는데 그 집은 보석을 깎는 집으로 궁중의 명을 받고 값진 보석을 깎고 있었습니다. 주인이 스님께 시주물을 준비하려고 안으로 들어간 사이에 거위란 놈이 보석을 꿀꺽 삼켰습니다. 주인이 나와 보니 보석이 없어졌기에 급기야 스님을 의심하게 되었습니다. 보석을 내놓으라고 스님에게 따져도 스님은 내일 아침이면 보석을 보게 될 것이라고 말했습니다. 화가 난 주인은 스님을 기둥에 매달아 놓았습니다.

그런데 다음날 아침 거위의 변에서 보석이 나왔습니다. 주인은 미안해서 왜 진작 말하지 않았냐고 했습니다. 거위가 먹은 것을 알고서 사실을 밝히지 않은 것은 잘못이지만 거위가 삼킨 사실을 전날 말했다면 주인의 급한 마음에 당장 거위를 죽였을 것입니다. 이것은 불망어계不妄語戒를 파破함으로써 거위의 생명을 살린 예입니다.

또 어느 수행자가 산속에 앉아 수행하고 있었는데 비둘기 한 마리가 품으로 파고들면서 살려달라고 합니다. 수행자가 비둘기를 가슴에 품고 있는데 독수리가 날아와서 그 비둘기는 나의 저녁거리니 내놓으라고 합니다. 수행자는 독수리에게 나는 부처님께 맹세하기를 모든 생명을 살려 내는 수행자가 되겠다고 약속했기 때문에 줄 수 없다고 했습니다. 그런데 독수리가 말하기를 나도 생명인데 나는 죽어도 된다는 말인가 하고 반문합니다. 이에 스님은 그대는 무슨 음식을 좋아하는가 하고 물으니 따끈한 피와 생고기를 먹는다고 했습니다. 수행자는 자기 살을 베어 내어 주었는데 비둘기 무게만큼 되지 않아 결국은 자기 몸 전체를 제공하고 비둘기를 살려 낸 것입니다. 이 이야기는 비둘기, 독수리, 사람, 모두가 똑같은 생명이라는 사실, 내 생명이 중요하면 남의 생명도 중요하다는 것을 일깨워 주는 이야기입니다.

술, 마약, 환각제 등으로 정신을 흐리게 하지 마라

다섯 번째, 술을 먹지 말라는 것입니다. 또한 마약, 환각제 등에 빠지지 말라는 뜻입니다. 이것은 술을 한 모금도 입에 대지 말아야 한다는 절대적인 계는 아닙니다. 술에 취해 마음을 어지럽히지 말라는 것이 그 뜻입니다. 아무리 지식이 많고 높은 지위에 있는 사람이라도 술을 마시면 정신이 혼미해지거나 난폭해져 못된 짓을 함부로 하기 때문에, 이성을 잃고 실수를 하게 됩니다.

또 술이라는 것은 사람 마음을 어지럽히고 지혜의 종자를 파괴하기 때문에, 앞의 네 가지 계율을 범할 수 있으므로 항상 조심해야 하는 것입니다. 또한 술은 모든 다툼과 사건 사고 등 마음 어지러움의 원인이 됩니다. 몸에 해로운 술을 마시지 말고 다른 유익한 음식을 먹으라는 가르침이기도 합니다. 그리고 술을 마시면 지혜의 종자가 끊어지는 것도 그 이유 중에 하나입니다.

이 계의 본래 뜻은 아편, 마약 등의 환각제를 먹어 정신을 잃지 말라는 뜻입니다. 불교가 중국으로 넘어와서 보니 사람들이 술에 정신을 잃는 일이 많아서 술을 먹지 말라는 계율로 바뀐 것입니다.

불교에서 계율은 곧 수행이자 존재와 세상에 대한 올바른 만남의 방식입니다. 그런데 언제부터인가 한국불교에서 계율은 '깨닫기만 하면 됐지, 계율은 그저 여러 방편 중 하나'라고 출가자들뿐 아니라 신도들에게도 받아들여졌습니다. 이는 세간과 출세간을 넘나드는 무애행無碍行을 보여 준, 한국불교 간화선의 법을 이은 경허 스님(1846~1912)의 영향으로 돌려지기도 합니다. 그러나 이는 경허 스님의 살아 숨 쉬는 선 정신을 잘못 이해하고 왜곡하는 길입니다.

율律은 선禪과 함께 불교의 버팀목입니다. 서산 대사는 '선禪은 부처님의 마음이고, 교敎는 부처님의 말씀이요, 율律은 부처님의 행동'이라고 하셨습니다. 원효 대사는 '계율은 천상에 오르는 사다리'라고 했습니다.

신라에 계율을 정착시킨 자장 율사는 원래 훌륭한 가문의 아들로 태어났지만 조실부모하고 인생의 무상을 깨달아 출가했습니다. 그런데 마침 조정에 '태보台輔'라는 재상 자리가 비었는데, 그의 문벌 때문에 물망에 올랐고 선덕여왕은 여러 번 그를 불렀지만 이를 거절하자 그러면 목을 베겠다고 했습니다. 그러자 자장 율사는 "차라리 하루라도 계를 지키며 살다가 죽을지언정 파계해서 백 년을 살기를 원하지 않노라."라고 했습니다. 『삼국유사』에 전해지는 이야기입니다.

극심한 정신적 혼란을 겪는 현대인과 갖가지 폭력이 일상화된 현대사회에서 계율은 그저 수행자의 방편을 넘어 다양한 사회문제를 바라보는 불교적인 입장과 눈이 되어야 한다고 봅니다. 지성 스님은 "사회적으로 볼 때 계율 속에는 인간의 모든 문제가 다 포함돼 있다."며 "빈곤과 낙태, 인권, 도덕, 지구환경, 생명존중 등 인류가 안고 있는 난제들에 대한 해답을 계율에서 찾을 수 있다."고 밝힌 적이 있습니다. 그만큼 계율에는 옛날뿐만 아니라 현재 우리 모두에게 올바른 삶을 살아가는 실천적인 지혜가 담겨 있다고 할 수 있습니다.

보조국사 지눌 스님은 『계초심학인문』에서 "오계와 십계 등을 받아서는 지범개차持犯開遮를 잘 알아야 한다."고 했습니다. 지持는 자신이 받은 계를 반드시 지키겠다는 지계의 실천이고, 범犯은 자신도 모르게 계를 범했을 때 반드시 참회하여 계율을 세우겠다는 서원입니다. 개開는 보살행의 방편으로, 가령 한 생명이 위험에 처해 있다면 다른 계율을 어기는 과보를 받을지언정 먼저 살리려는 자비심의 방편이며, 차遮는 어떤 방편도 통하지 않을 경우 차라리 닫아 버리라는 뜻입니다.

지눌 스님의 본뜻은 계율을 여닫는 방편에 있어서 걸림이 없이 행하라는 것이 아니고, 철저한 계율 실천의 서원으로 보아야 할 것입니다. 그런데 여기에는 반드시 많은 중생의 이익을 위해서는 계를 파할 수도 있지만, 그 계를 파한 과보까지 짊어지면서라도 생명을 살리겠다는 대자비심의 원력이 포함되어 있습니다.

수계, 불자로 태어나는 의미

나의 행이 깨끗해야 마음이 편안하다

대승불교 계율사상의 기본이 되는 『범망경梵網經』의 서문은 계에 대한 이야기로 시작합니다.

> 모든 불자들은 합장하고 지극한 마음으로 들어라. 내가 이제 여러 부처님께서 설하신 대계大戒의 서문을 설하려 한다.
> 대중은 고요히 듣고, 자신에게 죄가 있는 줄을 알면 마땅히 참회하여라. 참회하면 곧 마음이 편안해질 것이지만, 참회하지 아니하면 죄는 더욱 깊어지게 된다. 죄가 없으면 잠자코 묵언하라. 잠잠하면 이 대중이 깨끗한 줄 알겠다.

여러 스님들과 우바이는 자세히 들어라.

부처님께서 열반하신 뒤, 상법像法 시대에는 마땅히 바라제목차波羅提木叉를 존경하여야 한다. 바라제목차는 곧 이 계戒이니, 이 계를 지니면 어두운 곳에서 불빛을 만남과 같고, 가난한 이가 보배를 얻음과 같고, 병난 이가 쾌차함과 같고, 갇혔던 죄수가 풀려남과 같고, 멀리 집 떠난 이가 돌아옴과 같나니, 마땅히 이와 같이 알라.

계는 부처님 세계로 올라가는 사다리와 같은 역할을 합니다. 무명대해를 항해하는 사공에게는 나침반과도 같고 등대의 역할을 하는 것이 계입니다. 또한 내 마음속의 혼탁한 것을 깨끗하게 맑게 정화시켜 주므로 가전제품으로 비유하면 공기청정기와 같은 역할을 합니다. 우리는 지은 업보에 따라 지옥, 아귀, 축생, 아수라, 인간 그리고 천상으로 가는 육도 윤회를 하게 되지만 계를 받음으로써 중생세계에서의 삶을 청산하고, 다시는 악도에 떨어지지 않고 성인의 길, 바로 부처님의 길로 들어설 수 있게 됩니다.

계를 받는다는 것은 오계의 가치를 지키며 살겠다는 약속인 동시에 삼보에 대한 믿음과 불법을 배우고자 하는 의지의 표현입니다. 수계식이란 보통 재가 불자나 출가자에게 계를 주는 의식을 말하며, 생로병사에 얽매이고, 세파에 휘말려 이리저리 서성이고, 탐욕을 일으키는 중생으로서의 삶을 청산하고 완전히 성인의 길로 들어서는 첫걸음이기도 합니다.

부처님의 품에 몸을 던져라

수계식은 먼저 "목숨을 다하여 부처님과 부처님의 가르침, 스님들께 귀의합니다." 하는 맹세로 시작합니다. 이것이 바로 삼귀의三歸依이지요. 그 다음으로는 오계를 지킬 것을 약속하고, 마지막으로 연비의식과 다시 태어난다는 의미로 새로이 법명을 받습니다. 수계의 핵심이라 할 수 있는 연비의식은 법을 위해 육신의 욕망을 사른다는 의미를 갖습니다. 연비란 '팔을 태운다'는 뜻으로 팔에 향이나 심지 같은 걸 올려놓고 태우게 되는데 조금 따끔한 정도입니다. 이 연비의 자국은 없어지지 않고 오래도록 남아 마음이 흔들리지 않도록 해 주고 오계를 반드시 지키겠다는 다짐을 스스로에게 하게 되는 효과도 있습니다.

중국 선종의 제1대 조사祖師인 달마 대사가 소림굴에서 9년간 면벽수행을 하고 있을 때 신광이라는 젊은이가 찾아와 대사에게 법法을 물었습니다. 달마 대사는 그에게 법을 구하는 마음이 간절하다면 믿음을 보이라고 했고, 이에 젊은이가 칼을 뽑아 왼쪽 팔을 끊자 달마 대사는 그가 바로 법기보살임을 알고 '혜가慧可'라는 법명을 주고 법을 일러 주었다고 하는 유명한 일화가 있습니다. 그 후 불법에 대한 믿음과 일체 중생을 제도하겠다는 서원의 표징으로 팔뚝의 일부나 혹은 손가락을 불에 태우는 의식이 행해지게 되었다고 하는데, 이것이 연비의 유래라고 합니다.

대부분의 사람에게 가장 소중한 것은 자신의 몸뚱이일 겁니다. 또 불법의 진리를 구하기 위해서는 믿음이 필요한 법입니다. 믿음을 보이기 위해서는 혜가 스님처럼 자기 육신의 일부를 바칠 수도 있어야 합니다. 하지만 혜가 스님처럼 행동하기란 결코 쉬운 일이 아니겠지요. 이런 까닭에 불법에 대한 믿음과 일체중생을 제도하겠다는 서원의 징표로서 연비 의식을 하게 된 것입니다. 천 년 동안 어두웠던 동굴을 밝히기 위해서, 천 년 동안 빛을 비춰야 하는 것은 아닙니다. 아무리 오랫동안 어두웠던 동굴이더라도 한순간의 섬광으로 일순간에 전체가 밝아지는 것처럼, 연비를 받는 그 따끔한 찰나에 지금까지 쌓아 온 모든 악업이 일시에 다 소멸되어서 우리의 마음이 깨끗하고, 청정한 상태가 됩니다.

의례의식이 마음을 새로이 하니

수계는 계를 실천할 수 있도록 마음속에 힘을 실어 줍니다. 일체를 둘로 보지 않고 하나로 보는 마음이 계를 지키는 근본이 됩니다. 불자로서 부처님의 가르침을 실천하며 살아가겠다는 맹세를 하는 데 진정한 의미가 있는 것입니다. 그러므로 계를 받는 것에서 끝나서는 안 되고 계를 지켜 실행 정진해야 합니다.

실천에 관한 재미있는 이야기가 있습니다. 계를 듣고 실천을 하지 않은 사람은 다음 생애에 천당에는 귀만 가고 몸은 지옥으로 가게 된다고 합니다. 또 발로만 열심히 절에 다닌 사람은 천당에는 발만 올라가고 몸은 지옥에 떨어졌다고 합니다. 또 어떤 사람은 천당에 입만 올라갔다고 합니다. 무슨 이유인가 보니 입으로는 좋은 얘기를 많이 했지만 실천이 없어 몸은 지옥으로 떨어지고 천당에는 입만 올라갔다고 합니다. 귀만 좋은 이야기를 듣고, 발만 절에 다니고, 입만 좋은 얘기를 하면서 실천이 없으면 안 됩니다. 아무리 계율에 대한 좋은 이야기들을 많이 듣고 열심히 공부를 했다고 하더라도 부지런히 실천하여 그것이 습관화되지 않으면 아무 소용이 없는 것입니다.

사람이 몸 바꾸기 전에 계를 받는다면, 그것이 새롭게 태어날 때 극락행 반야용선을 타고 가는 원동력의 역할을 하는 것입니다.

어떤 사람이 자기 집 찢어진 창문을 통해 앞집 찢어진 창문을 보고 비난합니다.

"거 아무리 바빠도 창문이나 고치고 살지."

자기 집 창문이 완벽하면 앞집 창문을 볼 수 없고 안 보이니 비난할 수도 없습니다. 자기 허물이 많은 사람이 남의 허물을 잘 보는 것은 아닐는지요. 먼저 남을 비난하기 전에 자기부터 살핍시다.

기도는 마음을 바꾸는 과정

세상의 모든 일은 그 처음이 언제나 중요한 법입니다. 수행의 길에 들어선 사람에게도 마찬가지라고 할 수 있겠습니다. 기도는 우리가 흔히 접하는 수행법입니다. 교회에서도 하고 저 멀리 아프리카 원주민들도 그 토속신이나 해, 달님에게 기도를 합니다.

불교의 기도는 그 차원이 좀 다릅니다. 제가 지금 말씀드리고자 하는 기도는 우리에게 그 이상을 가져다주는 안팎의 효과에 대해서입니다.

불교의 기도는 깨달음의 한 방법이기도 합니다. 게다가 누구나 쉽게 배우고 따라 할 수 있는 친숙한 방법이기 때문에 수행을 처음 시작해 보려는 이들에게 훌륭한 길잡이가 될 것입니다. 수행의 입문 단계에서 그 기틀을 다지는 방법으로서 아주 훌륭합니다. 처음 시작할 때 수행의 기틀을 올바로 세운다면, 언제 어디에서나 부처님의 깨달음을 접할 수 있게 되기 때문이지요. 수행자의 첫 마음은 너무나 순수하고 완전히 비어 있기 때문에 모든 것을 받아들일 준비가 되어 기도의 효과 역시 크고 빠릅니다. 그러므로 업장을 녹이고 신심을 북돋울 수 있는 기도로 수행의 기틀을 올바로 정립한다면 깨달음의 길이 훨씬 수월해지겠지요.

불보살의 명호를 줄기차게 불러서 하나가 되고 그 위치를 이루어 내는 것이 칭명기도입니다.

그럼 기도를 할 때 바른 마음가짐은 무엇이며, 기도가 가지고 있는 무한한 힘은 무엇인지에 대해 알려드리겠습니다.

어떤 기도를 하느냐는 중요치 않다

"어떤 방법으로 기도를 하는 것이 제일 좋습니까?" 이렇게 질문하는 분들이 계십니다. 그러나 기도를 하는 사람에 따라 방법은 천차만별로 다를 수 있고, 꼭 제일 좋다고 할 수 있는 기도란 없습니다. 단순히 복을 받자는 기도가 아니기 때문입니다. 허황된 특정 기도에 구애받지 마시고 자기 생각에 맞는 기도를 계속해서 꾸준히 평생 하시겠다는 마음을 가지는 것이 더 중요합니다. 그 기도가 나의 삶이 되도록 정진하셔야 합니다. 이것과 관계된 백용성 스님의 유명한 일화가 있습니다.

백용성 스님은 천수대비주千手大悲呪를 외워 수행의 기틀을 바로잡은 고승입니다. 유교 집안에서 태어난 스님이 불교와 첫 인연을 맺은 것은 1877년 14세 때의 일이었습니다. 꿈속에서 부처님의 수기授記를 받고 불경을 보기 시작했고, 남원 덕밀암德密庵으로 출가하였으나 부모님의 강한 만류로 집에 돌아와야만 했습니다. 그 후 2년이 지난 16세 때 해인사로 찾아가 화월華月 스님을 은사로 모시고 정식으로 출가하였으며, 17세 때 의성 고운사의 수월水月 스님을 찾아가서 소년답지 않은 질문을 던졌습니다.

"나고 죽음은 인생에 있어 가장 큰일입니다. 모든 것은 무상하여 날로 변합니다. 어떻게 해야 생사도 없고 변하지도 않는 '나'의 성품을 볼 수 있습니까?"

그러나 당대의 대고승인 수월 스님은 이 질문에 대한 답을 하지 않고, 먼저 천수대비주를 외울 것을 권했습니다.

"지금 숙업宿業이 무겁고 장애가 많아 견성법見性法을 너에게 일러 주어도 제대로 이해할 수 없다. 대비주大悲呪를 부지런히 외우면 업장도 소멸되고 마음도 맑아져서 저절로 길을 알 수 있게 될 것이다. 얼마 동안은 아무 생각 말고 대비주만 외우도록 하여라."

이러한 수월 스님의 가르침에 따라, 용성 스님은 대비주를 십만 번 외우기로 스스로 다짐하고 부지런히 외웠습니다. 9개월에 걸쳐 대비주를 십만 번 외워 마쳤을 때 스님은 양주 보광사 도솔암兜率庵에 머물러 있었습니다. 그런데 불현듯 한 가지 의문이 솟아오르는 것이었습니다.

"산하대지와 삼라만상에는 모두 근원이 있다. 그렇다면 사람의 근원은 무엇인가? 보고, 듣고, 깨닫고, 아는 근원은 어디에 있으며 어디에서 오는 것인가?"

이 의문을 일념으로 생각한 지 엿새가 되었을 때, 마치 깜깜한 방에 등불이 밝혀지듯 그 근원을 확연히 알 수 있게 되었습니다. 그 뒤 용성 스님은 '무無' 자 화두를 꾸준히 참구하여 확철대오廓徹大悟하셨다고 합니다. 그 당시 우리나라 불교는 일본이 강제로 승려들을 결혼시키는 등 오랜 전통의 우리 선불교를 훼손하고 있었습니다. 용성 스님은 그것에 반대하여 대각교운동大覺教運動을 전개하고 역경 사업에도 크게 공헌했습니다. 이 위대하신 스님의 수행법이 바로 기도라는 말씀을 드리고 싶습니다.

백용성 스님의 깨달음의 근원이 천수대비주 기도라고 말씀 드렸습니다만 '천수대비주'만이 효과가 있다는 것은 아닙니다. 관음기도, 지장기도, 문수기도, 보현기도도 좋습니다. 무엇이든 한 가지를 택하여 부지런히 기도한다면 어느 순간 그 마음에 믿음의 뿌리를 깊이 내리게 되어 깨달음의 세계로 나아가실 수 있게 되는 것입니다.

　그러나 어떤 기도든 선택하여 하실 때 꼭 기억해 두셔야 할 것이 몇 가지 있습니다. 가장 중요한 것이 바로 바른 마음가짐이라고 할 수 있겠습니다.

　기도를 할 때는 스스로 마음을 순수하게 하고 자신을 비워낸 다음에 해야 합니다. 기도는 마음이 순수하게 되었을 때 더 큰 힘을 발휘하게 됩니다. 즉 욕심으로 가득 찬 기도는 잘 이루어지지 않습니다. 따라서 올바른 기도란, "이렇게 되게 해 주십시오."가 아니라 "제가 꼭 이렇게 되게 해 내겠습니다."라는 자세가 필요합니다. 또한 이러한 기원에서 끝나서는 안 됩니다. 반드시 실천이 뒤따라야 합니다. 기도는 누군가 이루어 주는 것이 아니라 자신과의 약속에서 이루어지는 것이기 때문입니다.

지극한 정성으로 기도하라

기도는 마음을 바꾸는 작업입니다. 대개 기도는 현실의 난관을 헤쳐 나갈 염원으로 시작됩니다. 처음엔 혼자 하기 어려우니 절에 가서 스님의 지도 아래 대중과 함께하는 것이 도움이 될 것입니다. 시간을 내어 절에 가기 어려우신 분들은 집에서든 직장에서든 상관은 없지만 일념으로 몰두하기는 어렵습니다. 절에 가서 기도한다면 불보살님을 소리 내어 부릅니다. 이것을 정근精勤이라고 합니다.

수행적인 측면을 강조하는 불교의 기도는 정근이라고 표현해야 옳겠습니다. 예를 들어 관세음보살이든 지장보살이든 지속적으로 염하다 보면, 어느새 자신도 모르게 참회가 나오는 법입니다. 모든 것에 감사를 느끼며 지금까지의 어리석음 내지 잘못이 드러나서 깊이 참회하게 됩니다. 그러고 나면 마음이 후련해지며 감사가 솟아날 겁니다. 이를 가피력이라 하며 소원도 이루어집니다. 가피력이란 불보살님의 은혜라고 할 수 있겠습니다.

정근을 끝내면 축원이란 것을 합니다. 기도하는 본인을 포함하여 일체중생, 스님을 비롯한 모든 수행자가 소원성취하고 모두 성불하시라는 자비로운 발원입니다. 불교는 자기 욕구 충족만이 아닌 보이지 않는 생명까지도 축원해 주는 종교입니다. 평소 자신보다는 남을 위해 기도하는 일이 바로 자신을 위한 것이고 일체 중생을 위한 기도라 할지라도 궁극적으로 자신을 위한 기도가 되니 따지고 보면 자신을 위하지 않는 기도는 없는 셈이 됩니다.

기도는 일상의 마음으로는 성취되지 않습니다. 기도를 할 때는 먼저 자신의 생각이나 행동 그 자체가 잘못되었음을 뼈저리게 느끼고 다시는 되풀이하지 않겠다는 절실한 참회로부터 시작되어야 합니다. 이기적인 욕심이나 시기 질투하는 마음을 다 버리고 오로지 하나의 집중된 생각으로 간절하게 기도해야 합니다.

신라시대 원효 스님의 『발심수행장發心修行章』에 "절하는 무릎이 얼음처럼 시려도 불 생각을 하지 말고, 주린 창자가 끊어져도 먹을 생각을 하지 말지어다."라는 구절이 있습니다. 이것이 얼어 죽든 굶어 죽든 상관 말고 기도를 멈추지 말라는 것이겠습니까? 아닙니다. 기도할 때는 배가 고프다는 생각, 춥다는 생각이 들지 않을 정도로 간절한 마음으로 해야 한다는 것입니다. 이렇듯 기도라는 것은 복잡한 형식이나 고차원적인 생각이 필요 없습니다. 지극한 마음과 정성만 있으면 충분합니다.

그럼 이쯤에서 생각해 봐야 할 것이 있습니다. 물론 일념으로 기도에 집중하기 위해서는 절처럼 일상 공간과는 떨어진 조용한 곳에서 하는 것이 좋은 법입니다. 그러나 이러한 기도는 어디까지나 일상생활 속에서도 기도를 할 수 있도록 하기 위한 준비 과정일 뿐입니다. 절에 주말마다 가서 열심히 기도해도 일상생활과 연결되지 않는다면 그것이 무슨 소용이 있겠습니까?

요즘 사람들은 생업에 쫓기고 학업에 짓눌려 마음속에 경쟁심과 이기주의로 가득 차 있습니다. 또 순간의 쾌락만을 찾는 유흥문화와 저질문화들이 자고 일어나면 새로 쏟아져 나오고 일상에서 항상 그 유혹을 받고 있습니다. 타락한 문화에 빠져들지 않고, 경쟁심 대신 자비심으로 마음을 채우려면 항상 남을 배려하는 마음으로 일상생활에서 기도하며 살아가는 생활을 합시다.

참선은 청정한 마음을 찾는 수행

참선參禪이란 화두話頭(문제의식)를 들고 깨우침을 향하여 수행하는 선정禪定의 한 방법입니다. 말하자면 몸가짐과 마음가짐을 안정시킨 가운데 자기 본성, 즉 본래면목을 바로 보기 위하여 내면적으로 깊이 침잠하는 수련법입니다. 여기에 그치지 않고 고요함 가운데 마음을 비추어 지혜의 눈을 뜨고 우주와 내가 하나 되는 것입니다. 이렇게 말하니까 참선이 대단히 어려운 것처럼 느껴지지요? 쉽다고 할 수도 없지만 쉽게 생각하면 어렵지도 않은 겁니다.

참선은 원래 인도의 선정사상에서 유래된 것입니다. 선은 인도의 옛말로는 디야나(Dhyana)라고 하고, 중국에서는 선나禪那로 음역한 것으로, '조용히 생각한다'라는 뜻입니다. 또한 선을 통해 얻어지는 공덕과 능력이 한량이 없으므로 공덕총림功德叢林이라 하고, 사유하여 닦아 가므로 사유수思惟修라 하며, 선을 닦아 마음이 적정하고 여실한 지혜가 드러나므로 정려靜慮 등이라 의역하였습니다.

조용히 생각한다는 것은 진리가 무엇인지 알려고 하는 지혜와 안정된 정신상태, 즉 선정을 일치시켜 함께 닦는 것을 뜻합니다. 그러므로 참선수행을 할 때 큰스님의 가르침이나 화두는 부처님 가르침의 중심 내용을 몇 마디의 말이나 상징적인 게송으로 던져 대중으로부터 진리에 대한 강한 의심을 내게 하는 것입니다.

불법을 수행하는 대중은 진리를 담고 있는 화두의 내용에 끊임없이 정신을 집중하고 불법의 핵심을 직접적으로 파고 들어가 본래 갖추고 있는 청정하고 평등한 마음의 경지를 찾게 되는 것이 바로 참선인 것입니다.

부처님의 수행법, 참선

참선은 거슬러 올라가면 석가모니부처님께서 보리수 아래에서 고락의 극단을 피하고 중도의 깨달음을 성취하신 수행 방법입니다. 부처님께서는 선을 사선四禪으로 나누어 순서별 수행 단계로 설명하셨고 대승불교에 이르면 반야경을 위시하여 여러 경전에서 육바라밀(보시, 지계, 인욕, 정진, 선정, 지혜)에 선정바라밀을 넣어 반야바라밀을 얻기 위해 보살이 수행해야 할 덕목으로 중시하였습니다.

이러한 인도의 사상이 달마 대사에 의해 중국으로 넘어오게 되는 것입니다. 달마 대사는 중국으로 선사상을 전파하면서 불립문자不立文字의 선사상을 크게 일으켰습니다. 불립문자는 경전이라는 글에 집착하지 않고 마음으로 깨달음의 요체로 들어간다는 뜻으로, 후대 중국과 우리나라의 선사상에 많은 영향을 주었습니다.

옛날 스님들께서는 "사람이 빈한하게 사는 것은 지혜가 짧아서이고, 말이 야위면 털이 길다."라고 말씀하셨습니다. 우리가 생활 속에 '참 나'를 밝히는 선수행禪修行을 꾸준히 닦아 가면 지혜라는 싹이 틉니다. 지혜가 싹트는 동시에 수많은 생 동안에 쌓아 온 중생의 잘못된 인식인 습기濕氣는 서서히 봄바람에 눈 녹듯이 녹아져 버리고 지혜가 환하게 밝아집니다.

누구나 죽을 때는 돈이나 명예, 보석 그 어떤 것도 가져갈 수 없습니다. 지혜를 닦은 밝은 마음, 나쁜 습성에 길들여진 마음의 그림자, 복덕을 닦은 선한 마음을 가져갈 뿐입니다. 이를 업식이라고 합니다. 이 세 가지는 천 번, 만 번 몸을 바꿔도 그

비중을 따라서 다음 생을 받게 됩니다. 참선을 많이 해서 업業이 소멸된 사람은 지혜가 무럭무럭 자라서 좋은 인연으로 태어나고 복덕을 갖추게 됩니다.

참선을 꾸준히 해 나가면 중생의 온갖 악조건인 마음의 삼독三毒(탐욕, 성냄, 어리석음) 번뇌가 사라지고 마음이 맑아지는 것이지 사람들이 쉽게 말하듯이 생각이나 말로 되는 것이 아닙니다. 불교의 수행법은 여러 가지가 있습니다. 그러나 그중에서 가장 좋은 수행법이 바로 참선입니다. 그래서 불교의 수행법 하면 누구나 제일 먼저 참선을 떠올리는 겁니다. 그러나 참선은 익숙하면서도 막상 시작하려 하면 어렵게 느껴지기도 합니다.

참선은 밖을 향해서 무엇인가를 구하는 것이 아니라, 모든 것을 내 안에서 찾아 스스로를 돌이켜 비춘다는 것이 염불이나 기도와는 분명한 차이가 있습니다. 부처님께서도 신과 같은 허황된 대상을 향하여 복을 빌거나 현실에서 생겨나는 문제 해결을 바라지 말라고 말씀하셨습니다. 스스로가 마음으로부터 지혜를 밝히고 자비심으로 세상을 살아나가도록 가르치셨습니다. 그러므로 참선이야말로 가장 불교다운 수행법이라 할 수 있는 것이지요.

잠시라도 마음을 고요히 해 보라

흔히 참선수행을 '행주좌와行住坐臥 어묵동정語默動靜'에 한다고 합니다. 걸어다닐 때나 머무를 때나 앉았을 때나 누웠을 때나 말할 때나 말을 들을 때나 움직일 때나 고요히 있을 때나 항상 선정에 들어간다는 말입니다. 참선의 궁극적 목적은 진실한 자아를 찾는 것에 있으므로 형식이나 방법은 중요한 것이 아닙니다. 흔히 참선이라 하면 좌선을 떠올리지만 누워서 하거나 서서 하거나 앉아서 하거나 참선 아닌 것이 없습니다. 육조 스님이 참선에 대해 말씀하신 것을 하나 들려드리겠습니다.

"선지식들아, 이 법문 중의 좌선은 원래 마음에 집착하지 않고 또한 깨끗함에도 집착하지 않느니라.

또한 움직이지 않음도 말하지 않나니, 만약 마음을 본다고 말한다면, 마음은 원래 허망한 것이며 허망함이 허깨비와 같은 까닭에 볼 것이 없느니라.

만약 깨끗함을 본다고 말한다면 사람의 성품은 본래 깨끗한데 허망한 생각으로 진여가 덮인 것이므로 허망한 생각을 여의면 본래 성품은 깨끗하니라. 자기의 성품이 본래 깨끗함은 보지 아니하고 깨끗함을 보려는 마음을 일으키면 도리어 깨끗하다고 하는 망상이 생기느니라. 망상은 처소가 없다.

그러므로 본다고 하는 것이 도리어 허망한 일임을 알라. 깨끗함은 모양이 없거늘, 도리어 깨끗한 모양을 세워서 이것을 공부라고 말하면 이러한 소견을 일으키는 이는 자기의 본래 성품을 가로막아 도리어 깨끗함에 묶이게 되느니라.

만약 움직이지 않는다는 것이 모든 사람의 허물을 보지 않는다는 것이라면 이는 자성이 움직이지 않는 것이나, 미혹한 사람은 자기의 몸은 움직이지 아니하면서 입만 열면 곧 사람들의 옳고 그름을 말하나니, 도와는 어긋나 등지는 것이니라. 마음을 보고 깨끗함을 본다고 하는 것은 도리어 도를 가로막는 인연이니라."

즉 좌선은 집착하지 않는 것입니다. 집착을 하지 않기에 치우침이 없고 치우침이 없기에 분별을 하지 않는다는 것입니다. 분별하지 않는 마음이 생기면 바깥의 움직임에 내 마음이 동요되지 않게 된다는 말씀입니다. 좌선이라는 것은, 하나의 방편일 뿐입니다. 간화선이나 묵조선을 하거나, 아니면 명상을 하거나 어떤 방법이든지 일어나는 마음을 고요히 가라앉혀서 집중할 수 있으면 되는 것입니다. 좌선이 참선의 방법 중 가장 효과적인 방법인 것처럼 보이지만 육조 스님 말씀처럼 집착하지 않으면 모든 것이 참선이 되는 것입니다.

나도 부처님처럼

그러기 위해서는 생활 자체가 참선이어야 합니다. 부처님이 법당에만 계신 건 아니지 않습니까? 공부를 할 때, 버스를 탈 때, 잠자리에 들 때, 화장실에 갈 때, 어디서나 부처님은 여러분 마음 안에 계십니다. 시간이나 장소에 구애받지 마시고 하루 5분, 10분이라도 좋습니다. 매일매일 정한 시간에 반복적으로 하십시오. 시간을 따로 만들어 한번에 몰아서 하기보다는 잠깐씩이라도 시간을 내어 규칙적으로 하시는 게 중요합니다.

잠시라도 틈을 내어 참선하는 습관을 만들어 보십시오. '내가 참선을 하고 있다'는 생각이나, 시간을 정해 놓고 그때 해야지 하는 생각이나, '이쯤 했으면 오늘은 됐다'고 생각하는 것은 진정한 참선이 아닙니다. 이것이 생활화되면 스트레스나 화, 욕심과 같은 것이 자신도 모르게 사라집니다. 이러한 근심이나 걱정이 사라져 마음이 편안해지면 생활에 활력이 넘치고 얼굴이 밝아집니다. 또 저절로 웃음이 나는 법입니다.

대부분의 사람들은 온갖 잘못이 쌓이고 쌓여 만들어진 두터운 업장 때문에 자기 안의 불성을 보지 못한 채 인생을 헛되이 보내 버립니다. 무수한 세월 동안 탐내고 분노하고 어리석어

지어 온 죄업들은 하루 이틀의 노력으로 사라지는 것이 아닙니다. 자신의 숨겨진 불성을 알아차리게 해 주고, 괴로움에서 벗어나게 하는 것이 참선입니다. 바른 생각과 말과 행동으로 부지런히 자기 자신을 갈고 닦아 수행 정진하다 보면 자신의 참모습, 즉 부처님과 똑같이 되는 것입니다. 자 이제 여러분의 본래 모습으로 돌아가야 하겠습니다.

마음으로 불러야 염불이다

불교의 선어禪語 중에 "큰 도는 문이 따로 없다(大道無門)."라는 구절이 있습니다. 이것은 깨달음으로 가는 길은 넓고 다양해서 일정한 문이 따로 없다는 뜻입니다. 즉 어떤 불법이나 수행으로도 성불을 할 수 있다는 의미입니다. 그 가운데서 가장 기본이 되는 수행법 중 하나가 염불念佛입니다.

『증일아함경』에 "마땅히 한 법(一法)을 수행하고, 마땅히 한 법을 널리 펴야 할 것이다. 한 법을 수행하면 문득 명예가 있게 되고, 큰 과보를 이루며, 모든 선행이 널리 퍼지게 되고, 감로의 맛을 얻어 무위처無爲處에 이르며, 곧 신통을 이루어 모든 어지러운 생각을 제거하여 열반에 이른다. 어떤 것을 한 법이라고 하는가? 바로 염불이니라."라고 부처님께서 직접 제자들을 지도하실 때 염불을 강조하셨습니다. 부처님 경전 중 200부 이상이 염불에 대해서 말씀하셨다고 합니다. 이렇듯 염불은 부처님 당시부터 지금까지 행해지고 있는 가장 인기 있는 대중적인 수행법 중 하나입니다. 염불이 대중적으로 행해지는 이유는 실천을 하기 쉽고 증득하기 쉽기 때문입니다. 그래서 이행도易行道라고 표현하기도 합니다.

부처님을 늘 생각하라

염불念佛이란 말 그대로 부처님을 늘 생각하는 것입니다. 어려울 것 없어 보이지요? 하지만 이 간단한 방법에 깊은 의미가 있습니다. 『선가귀감』에 "염불이란, 부처님이 입에 있을 때는 송불誦佛이고, 마음에 있을 때는 염불이다. 부처님을 부질없이 입으로 외우기만 하고 마음에서 보지 못한다면 도에는 아무런 이익이 없느니라."라고 하셨지요. 이는 입으로만 부처님의 명호를 외울 때 그저 부처님만 소리 내어 외우는 송불이고, 마음 속에 부처님이 계시는 염불이라야 부처님을 친견하는 견불見佛이라는 것입니다.

우리나라에서 가장 흔히 하는 염불 수행이 아마 '나무아미타불'일 것입니다. '나무南無'는 현재 인도에서 하는 인사말인 '나마스테Namaste'나 산스끄리뜨어 '나마스namas(빨리어는 namo)'를 한자로 음역한 것입니다. '나마스'는 몸을 구부린다는 뜻에서 경의를 표한다, 귀의한다 등의 의미로 정착되어 명사화된 것입니다. 명사이기는 하지만, '나마스', '귀의합니다, 경의를 표합니다' 등으로도 쓰이지요. 무릎을 꿇는다든가 허리를 굽힌다든가 하는 구체적인 예경의 의미를 나타냅니다. 아미타불阿彌陀佛은 두 가지 뜻이 있습니다. 무량수無量壽(amitāyus)와 무량광無量光(amitābha)입니다. 즉 광명이 헤아릴 수 없이 밝고, 수명이 헤아릴 수 없이 긴 부처님이십니다.

『아미타경』에 " 이 부처님을 어떤 연유로 아미타불이라고 부르느냐. 사리불아, 이 부처님의 광명은 무량하여 시방의 온 나라를 비추어도 장애가 없기 때문에 아미타라고 한다. 또 사리불아, 이 부처님의 수명과 그 나라 백성의 수명이 무량무변아승기겁無量無邊阿僧祇劫이기 때문에 아미타라고 한다."라고 하였습니다.

즉 말대로 풀이하면 '저는 아미타부처님께 귀의합니다'라는 뜻입니다. 하지만 이 나무아미타불을 계속 외우면 '참 나'의 다른 이름이자 온갖 좋은 것을 다 포함하게 되어 있습니다. 직접 수백 번, 수천 번 외워 보시면 경험할 수 있게 될 것입니다. '나무아미타불' 하고 염불만 하면 모든 업장이 녹아내리고, 온갖 지혜와 복덕이 갖추어진다는 말도 이런 이유에서 가능한 것입니다.

또한 구원을 얻는 가장 쉬운 방법도 바로 아미타불을 염하는 것입니다. 이를 두고 다른 수행방편은 길을 갈 때 두 발로 걷는 것과 같고, 아미타불은 목적지를 향하여 소와 말이 끄는 차를 타고 가는 것과 같다고 말하기도 합니다. 아미타불을 염불하라는 까닭이 여기에 있습니다. 물론 그렇다고 하여 꼭 '아미타불'만을 염해야 한다는 것은 아닙니다.

다만 아미타불이 부처님의 헤아릴 수 없이 많은 공덕을 총체적으로 표현한 이름이기 때문에 이 염불 수행을 권하는 것입니다. '석가모니불, 석가모니불'도 좋고, '관세음보살, 관세음보살' 해도 좋습니다. 의상 대사께서도 관세음보살 염불에 매진하셔서 깨달음을 얻었다고 합니다. 낙산사洛山寺의 관음굴觀音窟에서 관세음보살에게 기도를 올렸는데, 이때의 발원문을 『백화도량발원문白花道場發願文』이라고도 합니다. 낙산사의 홍련암紅蓮庵은 의상 대사가 관음보살을 친견한 관음굴에 세운 암자이지요. 의상 대사가 홍련암 석굴 앞 갯바위에서 정좌하고 7일 밤낮을 지극 정성으로 기도를 드리던 중 동해 바다에서 홀연히 붉은 연꽃이 솟아올랐는데, 그곳에서 관음보살이 현신했다고 합니다.

　병고에 시달리는 허약한 분이시라면 병약한 모든 중생을 구제해 주시는 대의왕大醫王 약사여래불을 외워도 좋고, 먼저 가신 선망부모·일가·친척분들을 천도하고 싶으면 지장보살을, 지혜를 이루고자 하면 비로자나불이나 문수보살을 염불하셔도 됩니다.

　인생의 근본 문제를 해결하려면 석가모니부처님을, 극락세계를 발원하려면 나무아미타불을 염불하시면 됩니다. 지금 당장 내 인생 문제가 괴로워서 현세의 행복을 원하시는 분은 세상의 소리를 마음으로 듣고 관찰하여 중생을 보살펴 주시는 관세음보살을 부르는 것입니다. 모두 하나의 부처님인데 다만 부처님마다 원력과 인연이 서로 다를 뿐입니다. 순간순간 일어나는 온갖 생각을 하나로 바꾸는 것이 참된 염불입니다.

　시방에 계신 부처님 어느 분이라도 좋으니 자신에게 필요한 불보살을 정하여 그 한 가지에만 집중하여 마음이 흩어지지 않는 마음으로 염불을 하여 집지명호執持名號할 수만 있다면 됩니다.

　주변에서 "도로 아미타불 됐다."는 말을 많이 들어 보셨을 것입니다. 애를 써서 이룬 일이 한순간의 실수로 아무 소용이 없게 되는 것을 말하는데, 여기에 관한 재미있는 야담이 하나 있습니다.

한 젊은이가 당나귀 한 마리를 끌고 얼어 있는 강을 건너게 되었습니다. 중간쯤 갔을 때 얼음이 얇아서 찍찍 소리가 나면서 금방이라도 빠질 것 같은 느낌이 들었습니다. 조심조심 얼음판을 건너고 있던 그는 무서움에 떨면서 "나무아미타불 관세음보살"을 계속 중얼거렸고, 운이 좋아서인지 나무아미타불의 덕분인지 정신없이 강을 건넜습니다. 강을 건너와서 생각하니 굳이 나무아미타불을 찾지 않고도 건널 수 있는 강이었다는 생각이 들었습니다.

그는 속으로 '별것도 아닌데 괜히 나무아미타불을 지껄였네.'라고 생각하고 나귀의 고삐를 이끌었습니다. 그런데 이게 웬일입니까? 손에 잡고 있는 것은 당나귀가 아니라 당나귀의 고삐만 잡고 있는 것이었습니다. 너무 조심하다 보니 노새 고삐만 가지고 혼자 건너온 거지요. 그래서 그는 다시 강 건너로 돌아갈 수밖에 없었습니다. 그는 강을 다시 건너기 위하여 얼음판 위를 살금살금 걸으면서 계속 중얼거렸답니다.

"도로 나무아미타불 관세음보살, 도로 나무아미타불 관세음보살……."

사람들은 다급해지면 부처님을 찾습니다. 그러다가 형편이 풀리면 자기의 힘으로 해결된 것인 양 우쭐해 합니다. 그러다가 다시 상황이 안 좋아지면 그때서야 다시 애타게 부처님을 찾습니다. 물론 마음이 답답하거나 다급한 일이 있을 때 염불을 하는 것도 효과가 있습니다. 그러나 염불이 끊임없이 이어지도록 하는 것이 최상의 방법입니다.

큰소리로 염불하면 공덕이 크다고는 하지만 덕의 크고 작음은 마음을 얼마만큼 잘 모으느냐에 달려 있는 것입니다. 남이 듣는 소리가 아니라 '나' 속에서 끊임없이 이어져야 합니다. 밥을 먹을 때도 속으로 나무아미타불을 부르고 화장실에 가서 볼일을 볼 때도 나무아미타불을 부를 수 있어야 합니다. 깨끗한 곳에서는 염불하고 더럽고 추한 곳에서는 염불을 하지 않는다고 하면 그것은 이미 참된 염불이 아닙니다. 염불은 깨끗하고 더러운 것, 즐겁고 괴로운 것, 곱고 미운 것 등 모든 상대적인 것을 넘어서는 수행법입니다. 그러므로 어디에서나 한결같이, 그리고 꾸준히 자꾸만 염불하는 습관을 들이라는 것입니다. 설사 제대로 못하고 속으로 했다 해도 공덕이 있습니다. 잊지 않고 염불하기를 당부 드립니다.

정성으로 꾸준히 하라

또 공염불이라는 말이 있습니다. 실행이나 내용이 따르지 않는 주장이나 선전, 신심信心이 없이 입 끝으로만 외는 염불을 말합니다. 실천이 없으면 다 공염불이 됩니다. 실천이 뒤따를 때 불교는 불교다워질 수 있는 것입니다. 실천이 있고 난 후에야 비로소 교리가 빛이 나는 겁니다. 염불은 불보살의 본원력에 의지하기 때문에 타력신앙이라고 생각되지만, 자력이 없는 타력은 결코 있을 수 없으므로 염불 수행은 자력과 타력이 동시에 갖추어지는 수행법입니다.

염불 수행은 일상생활 속에서 실천하는 것이 중요합니다. 불교공부를 하고 싶은데 주변에 사찰도 없고, 스님도 없고, 불경도 없고, 시간도 없어 염불을 못하고 계신다는 것은 다 핑계입니다. 결코 힘든 일이 아닙니다.

제가 지금까지 말씀드린 것이 공염불이 되지 않으려면 구체적인 방법을 일러 드려야겠습니다. 어렵지 않으니 한번 해 보시기를 권합니다.

우선 아침에 일어나서 호흡을 가다듬고 화장실을 다녀와 양치질하고 씻고 앉아 본인이 좋아하는 부처님을 딱 108번 불러보는 것입니다. 처음에는 30~40번에서 끝날 것입니다. 그래도 좋으니까 할 수 있는 데까지 부처님을 부르시고, "내 자식 잘되게 해 주십시오. 내가 하는 사업 잘되게 해 주십시오. 내가 몸이 아픕니다. 건강하게 살면서 중생을 돕게 해 주십시오." 하고 염불해 보십시오. 버스 타고 다니면서, 일하면서, 나물 다듬으면서, 빨래하면서, 설거지하면서, 운전하면서 수시로 해 보십시오.

이것도 힘드신 분들은 주무시기 전에 5분만이라도 하십시오. 그러면 꿈자리도 좋아질 것입니다. 꼭 불보살님들이 뭔가 이득을 가져다주기 때문만이 아니라 여러분이 살면서 뭔가 꾸준히 자신을 위해 하는 공력이 있다면 기분이 좋고 보람이 있을 것입니다. 당연히 주위의 사람들도 여러분을 보면 즐거워지고 믿음을 갖지 않겠습니까? 이렇게 좋은 처세술과 자기관리가 또 어디 있겠습니까?

또 사람이 어떤 말을 어떻게 하느냐 하는 것은 매우 중요합니다. 참된 말을 많이 하면 참된 사람이 되고, 거짓말을 많이 하면 거짓말쟁이가 되듯이 밝은 말 감사한 말을 많이 하면 밝고 감사한 삶이 될 수밖에 없습니다. 입을 놀려두면 괜히 쓸데없이 남을 흉보고 험담하니 그게 다 구업이 되는 것입니다. 그래서 옛말에 "노는 입에 염불하라."고 한 것입니다.

서산 스님은 『선가귀감』에서 말씀하십니다.

"나무아미타불南無阿彌陀佛! 이 여섯 자 법문이야말로 정말 윤회에서 벗어나는 지름길이다. 마음에서 부처님의 세상을 반연하여 기억을 유지하여 잊지 않고, 입으로 부처님의 명호를 똑똑히 불러서 분명하고 또렷하여 어지럽지 않아야 한다. 이처럼 마음과 입이 서로 잘 어우러져야 이를 염불이라고 한다."

이처럼 염불은 그냥 입으로만 하는 것이 아닙니다. 우리의 마음속에서 부처님의 세계를 피워 내고 온 마음으로 부처님을 만나는 성스러운 수행입니다.

염불 수행에 있어 가장 중요한 것은 정성을 다하는 지극한 마음이라는 것을 명심하십시오. 길 잃은 자식이 어머니를 찾듯 간절히 아미타불을 부르며 사십시오. 그러다 보면 반드시 좋은 일이 생깁니다. 모든 액운이 비켜 가고, 진력을 다하면 왕생도 못할 것이 없습니다. '나'의 지극한 정성을 담아 염불을 해 나가면, 살아서나 죽어서나 불보살과 함께하게 됩니다.

0.2평의 기적, 낮추고 또 낮추기

스트레스가 많은 요즘 사람들에게 절은 참선과 더불어 마음의 평화와 질병을 고쳐 주는 웰빙well-being 운동으로 선풍적인 인기를 끌고 있습니다. 현대의학으로 치료하기 힘든 병에 걸린 사람이 절 수행을 통해서 건강을 회복했다는 이야기가 심심찮게 들려오고, 젊은 여성들 사이에서는 108배 다이어트라는 것이 유행한다고 합니다. 한 TV 다큐멘터리 프로그램에서는 절 수행을 '0.2평의 기적'이라고 표현하기도 했을 정도입니다. 책으로까지 출간되었다고 합니다.

우리나라 사람이라면 설날 세배까지 포함해서 누구나 절한 경험이 있을 것입니다. 절은 움직임 하나하나에 대우주의 법이 깃들어 있으며 몸과 마음, 즉 정신과 신체 모두에 무한한 효과를 줍니다. 세계적으로 유명한 요가 연구가인 제임스 휴이트 James Hewitt는 절의 동작 하나하나는 요가 정수들의 집합이고, 그래서 절을 가리켜 '요가의 압축판'이라고 표현했습니다.

그럼 과연 절 수행이 무엇이기에 이러한 기적적인 효과를 보여 주는 것일까요?

우선 절 수행은 신체를 건강하게 해 주는 효과가 무척이나 큽니다. 절은 발을 자극하고 머리가 심장 아래로 내려가는 동작으로 우리의 심장을 편안하게 해 줍니다. 호흡에 맞춰 절을 하다 보면 혈액순환이 좋아지고 차가운 기운을 올라가게 하고 뜨거운 기운은 내려가게 해서 건강한 신체를 유지할 수 있도록 도와줍니다.

또 절은 뇌로 충분한 혈액과 산소를 공급해 주어 뇌 기능을 크게 강화시켜 머리가 아주 좋아집니다. 실제로 주위가 산만한 학생들이 절을 하면 집중력이 높아져 학습능력이 크게 높아진다고 합니다.

이렇듯 절은 뛰어난 운동 효과가 있는 것이 분명합니다. 그러나 몸을 낮추는 동작만을 중요하게 여기고 자신의 마음을 낮추는 하심이 없다면 불교에서 말하는 진정한 수행이 될 수 없습니다.

몸을 낮추면 마음도 겸손해지는 법

절이란 흐트러진 마음을 하나로 모아 상대에게 공경을 표시하는 것입니다. 다른 여러 종교에서도 절을 하지만 불교에서는 두 무릎과 두 팔꿈치와 이마까지 다섯 부분을 땅에 붙이고 양손으로는 상대방의 발을 받든다는 의미에서 손바닥을 하늘로 향하게 하고 귀까지 올려서 공경을 표시합니다. 이를 오체투지 五體投地라 합니다. 이처럼 절은 처음부터 끝까지 자신의 모든 것을 낮추어서 삼보에 대한 예경과 상대방에 대한 존경심을 몸으로 나타내는 수행법입니다.

몸을 낮춰 바닥에 엎드리는 절은 인간이 취할 수 있는 가장 겸손한 자세라고 할 수 있습니다. 상대방의 발을 받든다는 것은 상대방의 맨 아랫부분인 발에 지극한 믿음의 마음과 깊은 신뢰와 존경의 마음을 품는 것을 뜻하고, 이렇게 이마를 땅에 대고 존경하는 대상의 발밑에 낮추는 것은 자기를 낮추어 하심 下心하고 상대를 높이는 표현이기도 합니다.

옛 스님이 말씀하시기를, "이 몸은 돌아다니는 변소요, 구정물통이다."라고 하셨습니다. 알고 보면 우리 몸은 더러운 피와 고름 때와 똥오줌으로 가득 채워져 있습니다. 또 죽고 나면 한 줌 흙일 뿐입니다. 그러한 몸뚱이를 가지고 살면서 너도 나도

'내가 제일이다', '내가 최고다'라며 싸우고 헐뜯으며 인생의 대부분을 허비하고 있습니다. 그러한 생각들로 가득 차다 보니 우리 마음이 구정물통이 돼 버린 겁니다.

절을 하는 것은 구정물통에서 찌꺼기를 쏟아 내고 비워 낸 통에 맑은 물을 채우는 것과 같은 이치입니다. 그러나 이것은 한 번 비워 낸다고 해서 깨끗해지는 것이 아닙니다. 끊임없이 반복하고 또 반복해야 합니다.

절을 하면 온몸의 관절들이 차례대로 꺾이듯이 자신의 모든 자존심과 이기심이 저절로 꺾이게 됩니다. 몸을 낮추어 겸손한 자세를 갖추면 자신이 잘났다고 생각하는 교만한 자존심, 이기심, 선입관념, 고정관념을 쏟아 낼 수 있습니다. 스스로 낮추는 하심과 겸허의 태도를 길러 줍니다. 그래서 우리는 절을 할 때 오체투지의 예로써 지극히 공경하는 마음을 가지고 지극정성으로 해야 하는 것입니다.

이렇게 절을 통해 자신을 낮추는 하심의 표현이 수행이 될 수 있는 가장 중요한 이유는 자신의 마음을 낮춰 탐·진·치 삼독심三毒心을 없애기 때문입니다. 삼독심이 얼마나 무서운지는 앞에서 말씀드렸습니다.

탐욕과 분노를 누그러뜨리는 방법 가운데 절만큼 효과가 빠른 것은 없을 것입니다. 사람들은 항상 몸에 대한 애착이 있어 배고프면 먹으려 하고, 졸리면 자려고 하고, 편하면 더 편해지고 싶어 합니다. 기를 쓰고 노력했다 하더라도 현재 상태에 100퍼센트 만족할 수 있는 사람은 없을 것입니다. 절 수행은 그 자체가 바로 자신과의 싸움입니다. 편하고자 하고, 많이 먹고자 하고, 길들여지고자 하는 내 마음과의 싸움이라는 것이지요. 이러한 몸의 갖가지 욕구에 끌려 다니는 중생의 안타까운 삶에서 벗어나는 데 탁월한 방법이 절입니다. 분노 또한 마찬가지입니다.

참회는 수행을 위한 준비자세

또한 절 수행은 똑같은 동작을 수없이 되풀이하기 때문에, 그 똑같은 동작과 마음 작용이 지속적으로 이어져 심신의 집중력을 증장시키고 궁극적으로는 삼매로 이어지게 합니다. 그리고 그러한 과정 속에서 자신의 육체적 한계와 나약한 마음을 이겨 내고, 고통마저 녹여 내기 때문에 인욕과 자기 극복에 커다란 도움이 되고, 이는 해탈로 연결됩니다. 이러니 삼독심 가운데 어리석음도 물리칠 수 있는 것입니다.

자신을 불자라고 밝히는 분들 치고 절 한 번 안 해 본 사람은 없을 겁니다. 부처님이 말씀하신 삼법인, 사성제가 뭔지 모르는 불자들도 사찰에 가면 열심히 절을 합니다. 법당에 들어가면 부처님 앞에서 3배를 올리고, 스님을 만나도 3배를 합니다. 절 수행은 어려운 것도 멀리 있는 것도 아닙니다.

성의만 있으면 누구나 할 수 있는 108배를 매일같이 꾸준히 해 보십시오. 꼭 절에 가서 할 필요도 없습니다. 집에서 그냥 동쪽이나 남쪽을 보고 하십시오. 방에서 하다가 지겨우면 거실에서 해도 되고, 『백팔참회문』이나 『천수경』이나 『금강경』을 놓고 해도 좋습니다. 그 절을 누구를 향해서 하더라도, 어떤 문제를 놓고 하더라도 좋습니다. 한 배 한 배 정성껏 하여 복된 삶을 이루어 봅시다. 정성을 다해 절을 하다 보면 업장이 소멸될 뿐 아니라, 내 마음의 그릇이 깨끗해져 불보살의 가피를 입을 수 있게 될 것입니다. 절을 하는 가운데 우리 인생이 바뀌게 되고 깨어나게 됩니다.

또한 모든 참회의 근본이 몸과 마음에 있는 만큼 몸을 굽히고 마음을 굽힘으로 해서 백겁 동안 쌓인 다생겁의 업을 참회하고 소멸할 수 있습니다. 우리는 지금까지 육신을 유지하기 위해서 얼마나 잡된 짓을 많이 했습니까? 내 기분 찾느라고 얼마나 많은 사람을 미워했습니까? 내가 잘살기 위해서 얼마나 많은 사람에게 괴로움을 주었는가를 생각하면 참으로 업보가 깊을 것입니다.

절을 하면 인간관계 속에서 자신을 잘못 다스려 맺힌 한, 원망, 분노 등을 깨끗이 씻어 낼 수 있습니다. 그렇게 해서 흐렸던 마음이 밝고 청정해지면 신·구·의 삼업이 정화되고 무시이래로 쌓은 업장을 소멸하게 됩니다. 업장이 소멸되고 나면 어떤 일을 하든지 마음이 가뿐해지고 모든 일에 자신감이 붙게 됩니다. 결국 마음으로 끊임없이 부처님을 생각하며 몸과 입, 뜻으로 지은 업장을 소멸시키는 과정을 통해 여러 가지 공덕을 쌓고 마침내는 해탈해 성불의 길로 나아갈 수 있습니다.

『증일아함경』에 "부처님께 예배하면 다섯 가지 공덕이 있는데 첫째, 단정端正함이니, 부처님의 상호相好를 친견함으로써 존경하는 마음이 생기기 때문이다. 둘째, 좋은 음성을 얻으니, 부처님을 뵐 때 '나무불'이라고 세 번 부르기 때문이다. 셋째, 재물이 많아짐이니, 꽃과 향과 등불을 갖추어 자신의 힘에 따라 공양하기 때문이다. 넷째, 신분이 고귀한 곳에 태어남이니, 부처님을 뵐 때 마음이 번뇌에 물듦이 없고, 또 오른 무릎을 땅에 대고 꿇어앉아 합장하고 예배하기 때문이다. 다섯째, 천상天上에 나는 것이니, 염불하는 공덕으로 저절로 그렇게 되기 때문이다."라고 하여 절하는 데 이처럼 무한한 공덕이 있음을 밝혔습니다.

또 『금강삼매경金剛三昧經』에 "만일 어떤 이가 잠시라도 부처님의 훌륭한 지혜를 듣고 깊은 마음으로 기뻐하면서 비방하는 마음을 일으키지 않으면, 그는 백천 겁 동안 악도에 떨어지지 않고 나는 곳마다 부처님을 만날 것이며, 나아가 부처님의 법신을 생각하는 공덕이 무변할 것이다."라고 말씀하셨습니다. 그런데 부처님께 온 마음으로 절을 올린다면 곧바로 내 자신과 부처님이 같아져 현재 부처님께 미래의 부처가 절하게 될 것입니다. 즉 미래에 부처가 될 우리가 마음의 눈으로 부처님과 같이 되겠다는 서원을 세우고 절을 해야 할 것입니다.

고운 말은 가장 쉬운 이타행

여러분은 이타행이라는 말을 들어 보셨습니까? 이타행이란 소극적으로는 남에게 폐를 끼치지 않는다는 것이고 적극적인 의미로는 남에게 베풀면서 사는 것을 말합니다. 내 욕심, 내 육신, 내 자존심만 챙기면서 살다 보면 그 삶은 참으로 고달픕니다. 활기차고 희망에 넘치는 삶을 사시려면 몇 가지 규칙만 지키면 됩니다. 그 규칙들 중 하나가 베풀며 살자는 것입니다. 그럼 지금부터 쉽게 베풀며 살 수 있는 방법 몇 가지를 알려드리겠습니다.

사람들은 무엇을 베푼다고 하면 먼저 물질적인 것을 떠올립니다. 하지만 물질을 가지지 않고도 얼마든지 베풀 수가 있습니다. 하는 일이 잘 풀리지 않아 "저는 하는 일마다 잘 되지 않으니 도대체 무슨 까닭입니까?"라고 하소연하는 사람이 있습니다. 그것은 바로 남에게 베풀지 않았기 때문입니다. 그런데 "저는 아무것도 가진 것이 없는 빈털터리입니다. 도대체 무얼 베풀란 말씀이십니까?" 하고 물을 수도 있지요. 그런데 『잡보장경雜寶藏經』 권6에 '재물을 갖지 않고도 베푸는 일곱 가지 베풂'이라는 무재칠시無財七施라고 하는 것이 있습니다.

아무리 재물이 없더라도 베풀 수 있는 일곱 가지가 있는 것이니라.

첫째는 눈의 보시(眼施)이니, 언제나 온화한 눈길로써 부모·스승·사문·바라문을 대하고, 나쁜 눈으로 대하지 않는 것이다. 그는 몸을 버리더라도 몸을 받아 청정한 눈을 얻고, 미래에 부처가 되어서는 하늘 눈(天眼)이나 부처눈(佛眼)을 얻을 것이다.

둘째는 부드럽고 온화한 얼굴을 항상 지니는 보시(和顔施)이니, 부모·스승·사문·바라문에게 찌푸린 얼굴로 대하지 않는 것이다. 그는 몸을 버리더라도 다시 몸을 받아 단정한 얼굴을 얻고, 미래에 부처가 되어서는 순금색의 몸이 될 것이다.

셋째는 말씨 보시(言施)이니, 부모·스승·사문·바라문에 대하여 부드러운 말을 쓰고 추악한 말을 쓰지 않는 것이다. 그는 몸을 버리더라도 다시 몸을 받아 변재를 얻고, 그가 하는 말은 남이 믿고 받아 주며, 미래에 부처가 되어서는 네 가지 변재를 얻을 것이다.

넷째는 몸 보시(身施)이니, 부모·스승·사문·바라문을 보면 일어나 맞이하여 예배하는 것이다. 이것을 몸의 보시라 한다. 그는 몸을 버리더라도 다시 단정하고 장대하며 남의 공경을 받는 몸을 얻고, 미래에 부처가 되어서는 몸이 니구타(尼拘陀) 나무와 같아서 그 정수리를 보는 이가 없을 것이다.

다섯째는 마음의 보시(心施)이니, 위에 말한 바와 같이 일로써 공양하더라도 마음이 화하고 착하지 못하면 보시라고 할 수 없다. 착하고 화한 마음으로 정성껏 공양하는 것이 마음의 보시이다. 그는 몸을 버리더라도 다시 몸을 받아 밝고 분명한 마음을 얻어 어리석지 않고, 미래에 부처가 되어서 일체를 낱낱이 아는 지혜를 얻을 것이다.

여섯째는 자리의 보시(牀座施)이니, 만일 부모·스승·사문·바라문을 보면 자리를 펴 앉게 하고, 나아가서는 자기가 앉은 자리에 앉게 하는 것이다. 그는 몸을 버리더라도 다시 몸을 받아 항상 일곱 가지 보배로 된 존귀한 자리를 얻을 것이요, 미래에 부처가 되어서는 사자법좌(獅子法座)를 얻을 것이다.

일곱째는 방이나 집의 보시(房舍施)이니, 부모·스승·사문·

바라문으로 하여금 집 안에서 다니고 서며 앉고 눕게 하는 것이다. 이것을 방이나 집의 보시라 한다. 그는 몸을 버리더라도 다시 몸을 받아 저절로 궁전이나 집을 얻고 미래에 부처가 되어서 온갖 선실禪室을 얻을 것이다.

네가 이 일곱 가지를 행하여 습관이 붙으면 너에게 행운이 따르리라.

그야말로 돈 안 드는 보시입니다. 이 말을 처음 듣는 사람들도 한두 가지쯤 실천하고 있다고 생각할 수 있습니다. 그런데 이는 모든 사람에게 해야 합니다. 친하고 좋아하는 사람에게만 베푸는 것이 아니라 누구에게나 똑같이, 위의 일곱 가지 정도는 할 수 있어야 합니다. 그리 쉽지는 않겠죠?

말이 고우면 마음도 고와진다

저는 이 가운데 특히 세 번째 '언시'를 추천하고 싶습니다. '신시'나 '방사시'처럼 고생스럽지도 않고, '안시'나 '화안시'보다 효과도 빠릅니다. 내 말 한마디가 주변을 변화시키고 더불어 나의 마음까지도 말을 따라 변화하는 경험을 하게 됩니다. 언제 어디서나 누구에게나 할 수 있는 가장 편하고 쉽고 효과 빠른 보시라고 생각합니다.

말은 삼업 가운데 구업口業에 해당합니다. 구업이란 우리가 짓는 악업들 중에서 입으로 짓는 업을 말하는데, 이렇게 짓는 업이 가장 많고 또 소홀하기 쉽습니다. 재물 욕심 때문에, 사실이 아닌 것을 알고 있으면서도 거짓말하는 것, 이간질을 시켜 사람들 사이를 갈라놓는 것, 추한 말, 즉 욕설이나 비속어를 사용하는 것, 뜻이 아닌 것을 말하는 기어綺語, 법이 아닌 것을 말하는 것 등이 모두 구업을 짓게 하는 말들입니다.

근래에 연예인들이 소문 때문에 자살한 일이 많지 않습니까? 그들이 왜 죽었습니까? 여러분들도 한번쯤 싫어하는 연예인에 대해, 아니면 단지 재미로, 그들에 대한 나쁜 소문들을 확인 없이 남에게 전하고 즐거워한 적이 있을 겁니다. 여러분들의 입이 그들을 죽인 거나 다름없습니다. 아무 행동을 하지 않았어도 나쁜 소문이, 악성 댓글이 살인을 한 겁니다. 입으로 짓는 업이 얼마나 큰지 실감 나십니까? 그래서 신업身業, 의업意業과 함께 구업口業이 당당히 세 가지 업에 들어가는 겁니다.

수시로 입을 깨끗이 하자

그럼 '언시'의 구체적인 방법을 일러 드리겠습니다.

첫째는 '정구업진언'을 매일, 수시로 외우는 것입니다. '정구업진언'이란 『천수경』 첫머리에 나오는 것으로 입으로 지은 업을 깨끗하게 씻어 내는 참된 말이라는 뜻입니다.

"수리수리 마하수리 수수리 사바하"

절에서는 『천수경』을 많이 외우니까 그리 낯설지는 않으리라 생각됩니다. 또 마술 같은 거 할 때 주문으로도 많이 쓰죠? 실제로 불교 주문인데 이런 것을 진언眞言이라고 합니다. 진언은 부처님이 계시던 인도 말을, 그 의미보다는 소리에 힘이 있다고 생각해서 그대로 읽은 것입니다. 즉 뜻은 상관없이 읽기만 해도 공덕이 쌓인다는 말입니다.

그래도 의미를 한번 볼까요? 여기서 수리suri는 '길상吉祥', 즉 성스럽고 길하고 좋은 것, 마하mahā는 '크다'는 뜻입니다. 그러므로 마하수리는 '크게 길吉하다'라는 뜻이 됩니다. 또 수수리susuri는 '지극한 길상', 사바하svaha는 '원만성취'란 의미입니다. 이 진언을 모두 해석해 보면, "좋은 일이 있겠구나, 좋은 일이 있겠구나, 대단히 좋은 일이 있겠구나! 지극히 좋은 일이 있겠구나, 원만성취하겠구나." 이 정도로 풀이할 수 있겠습니다. 또 재미있게 덧붙이면 "수리하자 수리하자 입을 크게 수리하자

(잘못된 입을 수리하여 지혜로운 사람이 되라)."로 사실 큰 의미가 있는 문장입니다. 자신의 생각을 긍정적으로 바꿔 놓기 위해서 이 진언을 외우는 것입니다. '구업을 씻으면 원만성취할 수 있다' 정도로 이해하시면 되겠습니다.

진언을 외우는 일 자체가 진리를 설한 말씀이나 경전을 잊지 않고 간직하게 하는 힘을 발휘합니다. 왜냐하면 진리의 언어 세계의 실상을 열어 내는 참된 말을 받아들이기 위해서는 먼저 입으로 잘못된 업을 맑게 해야 하기 때문입니다. 진언을 통해 먼저 그동안의 낡은 습관, 뒤바뀐 의식, 더럽혀진 언어생활을 청산해야 하기 때문입니다.

사람들이 저지르는 대부분의 잘못은 입으로부터 시작됩니다. 입으로 지은 일들이 화근이 되어 다른 여러 문제를 일으키기도 합니다. 경전의 말씀을 읽기 전에 입부터 깨끗이 해야 하는 것입니다.

이 진언을 수시로 외우십시오. 나도 모르게 남의 험담을 했을 때 그것을 알아차리고 얼른 정구업진언 '수리수리 마하수리 수수리 사바하'라고 하는 겁니다. 크게 말하지 않아도 좋습니다. 작게 혼잣말로 해도 되고 생각으로 해도 됩니다. 내가 구업을 짓고 말았다는 사실을 알아차리고 그것을 참회하는 의식인 것입니다. 하루에 몇 번이라도 하고 밤에 자기 전에 나도 모르게 지었을 구업을 생각하면서 염불해 보십시오. 말에 대해 조심하게 되고 점점 반성해야 할 횟수가 줄어들 것입니다.

남을 늘 칭찬하라

둘째는 남을 늘 칭찬하는 것입니다. 칭찬할 만한 이유가 있을 때뿐만 아니라 비난해야 할 때도 그냥 칭찬을 하는 겁니다. 비난거리는 생각하지 말고 그 속에서도 칭찬거리를 찾도록 합니다.

『법화경』 권6을 보면 상불경常不輕(Sadāparibūta) 보살이라는 분이 계십니다. 위음왕불 상법 시대에 사셨던 분으로, 지식의 정도나 나이의 많고 적음, 직업의 귀천을 가리지 않고 자신을 한없이 낮추어 항상 칭찬의 말만 하셨다고 합니다. 상불경이라는 이름도 역시 한문으로 '나는 항상(常) 당신을 가벼이 업신여기지 않습니다(不輕)'라는 뜻입니다.

그분은 누구를 만나든지 비록 그 사람이 보잘것없는 사람이더라도 "당신은 참으로 훌륭합니다." "나는 당신을 존경합니다." 하고 칭찬을 하셨습니다. 또 그러한 행동을 비웃고 놀리는 말을 하던 사람들에게도 역시 "나는 그대를 깊이 공경하고 가볍게 여기거나 업신여기지 않습니다. 왜냐하면 모두가 불성을 가지고 있기에 당신도 부처님이 되실 몸이기 때문입니다."라고 대답하셨습니다. 결국 이분은 남을 공경하고 칭찬하는 수행 하나로 깨달음에 이르고 성불을 하셨습니다.

상불경 보살의 이야기는 험악한 말이나 가시 돋친 말들을 쉽게 하고 사는 우리들에게 커다란 교훈을 줍니다. 남을 칭찬하는 것이 바로 나를 칭찬하는 것이 됩니다. '칭찬은 춤추게 한다'고 하지 않습니까? 내가 상대를 존중하고 칭찬하는데 상대방이 내 앞에서 함부로 행동할 수 있겠습니까? '기대'만큼 무서운 채찍은 없습니다. 내가 상대의 인격을 존중하고 그의 가능성에 기대하면 상대는 나의 기대에 부응하고자 애쓰기 마련입니다.

어찌 보면 말을 한다는 것은 참으로 쉬운 일입니다. 그러나 한마디 말이 상대방 가슴에 비수를 꽂기도 하고 고통에 빠진 사람을 절망에서 구해 내기도 합니다. 말이라는 칼에는 양날이 있어서 우리들이 던진 말 한마디가 독이 되기도 하고 약이 되기도 하는 것입니다. 또 말에는 마음을 전달하는 힘이 있기 때문에 상대방의 마음을 움직일 수 있습니다.

말로 상대방을 배려할 때, 아끼는 좋은 말을 할 때, 감동을 주는 말을 할 때, 사람의 마음은 좋은 쪽으로 움직입니다. 특히 거짓 없는 진실한 말, 순수한 말, 꾸밈이 없는 말은 다른 사람을 감동시킬 수 있고 마음을 움직여 변화의 길로 나서게 할 수 있습니다. 말 잘하는 달변가가 되기보다 어눌하더라도 진실한 말을 하는 것이 중요합니다.

부드럽고 친절하며 예의바른 말 한마디가 따뜻한 보시행이 되는 것입니다. 남에게 이로움이 되고, 잘되도록 빌어 주고 격려해 주는 말이 곧 구업을 청정하게 하는 것입니다. 그것은 곧 입으로 공덕을 짓는 일이 됩니다. 그래서 소극적인 방법으로는 정구업진언을 염불해서 말에 대해 경계하고, 적극적인 방법으로는 칭찬을 권한 것입니다.

이제 우리의 언어생활이 얼마나 중요한 것인가를 생각해 봐야 합니다. 말이라는 것은 무한한 힘을 가지고 있습니다. 이렇게 무한한 힘을 가지고 있는 말을 잘 쓰면 우리가 바라는 모든 소원이 성취되고 지금까지 쌓아 왔던 업장들도 모두 소멸하게 되는 것입니다.

일상에서 할 수 있는 보살행

어떤 사람이 천국과 지옥을 두루 구경하게 되었습니다. 먼저 지옥에 갔더니 좋은 시설, 정원, 천상의 음악 등을 다 갖춰 놓았는데 사람들이 바짝 야위어서 해골과 같은 형상을 하고 있으면서 서로 으르렁거리며 인상이 고약하고 성질이 사납고, 적개심에 불타고 있더랍니다. 시설도 좋고 음식도 많은데 왜 안 먹고 저렇게 야위어 있는가 자세히 살펴보니 팔꿈치가 구부러지지 않아서 음식을 입에 넣을 수가 없었습니다. 게다가 상대방이 무슨 수를 써서 먼저 먹지 않나 걱정하면서 그렇게 고통스러워하고 있더랍니다. 지옥 견학을 마치고 이번에는 천당에 갔더니 그곳에 들어서자마자 웃음소리, 상대방을 칭찬하는 소리가 들리면서 화합이 넘치는 분위기였고 사람들의 얼굴도 윤기가 흐르고 넉넉하고 풍요롭고 행복한 생활을 하고 있더랍니다. 천당 사람들은 어떻게 사는가 자세히 살펴보았더니 팔꿈치가 구부러지지 않는 것은 지옥과 똑같은데 서로 상대방한테 먹여 주고 도와가면서 살더랍니다.

이 이야기는 오늘날 우리들의 삶을 돌아볼 때, 많은 것을 생각하게 합니다. 자신만을 위해 욕심을 부리고 탐욕스럽게 사는 사람과 모두에게 자비를 베풀고 마음을 넉넉하게 쓰는 사람의 차이는 지옥과 천국으로 나타납니다. 서로가 서로에게 복을 주었을 때 천국이 되는 겁니다. 물론 자기 자신의 불행도 감당하기 어려운 상황에서 다른 사람의 아픔이나 고통에 동정심을 발휘하는 일은 쉬운 일이 아닙니다.

그러나 깨달음을 얻고자 하는 사람은 자신이 지옥과 같은 환경 속에 놓였다 하더라도 자기의 문제에만 매달리지 말아야 합니다. 어려움이 없는 상태에서 남에게 베푸는 것은 그리 대단한 일이라 할 수 없고 당연히 해야 할 일입니다. 자신이 곤란한 처지에 있으면서도 남의 불행을 자신의 불행처럼 여기고 외면하지 않는 사람이 진정한 불자이고 이것이 바로 보살행입니다.

보살행은 나도 남도 이롭게 하는 것

보살행이란 스스로에게도 이롭고 남에게도 이롭게 행동하는 것을 말합니다. 보살행은 특별한 사람만이 할 수 있는 것이 아닙니다. 먼저 남에게 아낌없이 베푼다는 것은 어렵고 큰돈이 있어야 할 수 있다는 생각을 버리십시오. 마음 하나만 고쳐먹으면 너무나도 쉬운 일이고 불성을 수행하고 있는 우리들은 누구라도 일상생활 속에서 실천할 수 있습니다.

다른 사람의 고통을 함께 나누고자 하는 자비의 마음이 곧 보살행이 되는 것입니다. 예를 들어, 관용의 마음으로 남에게 보시를 하면 보시를 하는 순간 자신의 마음이 기쁘고 편안하고 행복합니다. 보시를 받는 사람도 어려움을 이길 수 있는 초석이 마련되니 근심 걱정이 덜어지고 마음이 편안해집니다. 또 다른 예를 들면, 잘못을 행한 사람을 보았을 때 성냄이 없는 자애의 마음으로 말하고 행동하면 자기 마음이 편하니 몸도 편합니다. 또한 잘못한 사람은 상대의 자애로운 말에 스스로 반성하며 다음에는 그런 잘못을 되풀이하지 않으려는 마음을 냅니다. 그래서 자리이타의 행이 보살행입니다.

그렇다면 보살행은 왜 하는 것일까요? 그것은 바로 보살행이 영원한 행복의 씨앗이기 때문입니다. 한마디로 깨달음의 지혜를 얻어 어리석음과 갈애를 소멸하여 윤회하는 고통에서 해탈하기 위해서입니다. 우리가 괴로운 것은 과거에 행한 불선업의 과보가 익어서 나타나기 때문입니다. 그러나 자리이타의 선한 행위를 한다는 것은 바로 선업을 행하는 것으로, 후에 선한 과보가 익어서 나타나기 때문에 행복하게 됩니다.

그러나 어떤 불행도 어떤 행복도 영원하지 않고 왔다가 사라집니다. 그래서 매 순간 행복의 씨앗인 보살행을 해야 계속 덜 괴롭고, 그래서 마음의 여유가 생기면 수행을 해서 무명을 소멸하고 지혜를 얻어 어떤 일에도 갈애를 일으키지 않아서 사라지지 않는 영원한 행복인 열반을 얻게 됩니다.

그래서 보살행은 깨달음의 씨앗이기 때문에 사람으로 태어났을 때 해야 합니다. 지옥, 축생, 아귀, 아수라의 존재는 너무 괴로워서 보살행을 할 여유가 없습니다. 천상의 존재는 괴로움이 없는 행복만 있기 때문에 수행을 해서 생사윤회를 벗어날 생각을 하지 못합니다. 그래서 사람으로 태어났을 때 열심히 보시하고 계율을 지키고 수행하는 것이 최고의 선업이며, 바로 보살행, 바라밀행이 됩니다.

보살행은 일상의 작은 일부터

『법구경』「화향품華香品」을 보면 "사랑스럽고 색깔이 아름다울지라도 향기가 없는 꽃처럼 실천이 따르지 않는 훌륭한 말은 효과가 없느니라."라고 설하고 있습니다. 아무리 믿음이 깊고 경전과 교리에 대해 해박하게 알고 있다고 할지라도 보살행 실천으로 이어지지 않는다면 향기 없는 꽃처럼 무미건조할 수밖에 없을 것입니다. 보살행은 작은 일에서부터 시작하는 것입니다. 또한 『화엄경』의 「보살문명품」에 이런 게송이 있습니다.

"어떤 사람이 남의 보배를 헤아릴 적에 자신에게는 반푼어치도 이익이 없는 것처럼, 출가하였더라도 많이 듣기만 하고 수행하지 않는다면 아무 이익이 없느니라."

이처럼 아무리 많은 공부를 한다 한들 그것이 자신의 살림살이가 되려면 반드시 몸소 실천해야 하는 것입니다.

그렇다면 먼저 절에서 쉽게 할 수 있는 보살행이 무엇이겠습니까? 부처님 앞에서 발원을 하실 때 자신의 욕심을 채우기 위한 것보다는 모든 중생의 이익과 행복을 위해서 해야 합니다. 또 법회 있는 날 법회가 시작되기 전에 법당에 먼저 들어가서 좌복을 가지런히 펴 놓는 일이나 다른 불자님들이 법회를 보는 동안 조용히 나와 신발을 가지런히 정리해 놓으시는 것도 모두 보살행이 됩니다. 또 공양이 끝나고 바로 공양간 뒷정리를 하시거나 절을 나오면서 쓰레기 치우시는 것도 절에서 할 수 있는 보살행입니다.

가정에서는 어떤 보살행이 이루어져야 하겠습니까? 남편이나 아내에게 또는 자식들이 부모님에게 얼마든지 보살행을 할 수 있습니다. 또한 직장에서 하실 수 있는 보살행도 얼마든지 많습니다. 직장 동료를 험담하기보다는 하루에 한 가지씩 칭찬을 해 주는 것이 큰 보살행이 될 수 있습니다. 또 작게는 남들보다 조금 일찍 출근해서 모두가 쾌적한 환경에서 일할 수 있도록 사무실 정리를 해 놓는 일이나 출근하는 길에 계절에 맞는 꽃 한 송이로 사무실 분위기를 화사하게 만들어 주는 것도 보살행이라 할 수 있지요.

지하철이나 버스 등 대중교통을 이용하실 때 자리를 양보하는 것이나 출퇴근 시간 붐비는 지하철 안에서 신문을 반으로 접어 본다든지 다리가 불편하여 휠체어를 타고 있는 사람이 있을 때 내리기 수월하도록 옆에서 거들어 주는 일 모두가 손쉽게 할 수 있는 보살행입니다.

자신을 낮추는 일도 보살행이 됩니다. 자신을 내려놓는 일이 바로 하심입니다. 그 말인즉 나보다 못한 사람은 없고 모두가 나보다 잘난 사람이며 좋은 사람이니, 내가 모두의 하인이 되어 주고, 내가 모두의 길잡이가 되어 주고, 나로 인하여 누군가가 편해지고, 나로 인하여 누군가가 웃을 수 있게 행동하는 것, 그것이야말로 하심의 기본이라 할 수 있는 것입니다. 하심을 하지 않고서는 절대로 불법을 따르지 못합니다. 하심을 하지 않은 상태에서 불법만 많이 아는 사람에게 마지막에 남는 것은 아집과 아만과 아상입니다.

그래서 불가에서는 그 아집과 아만과 아상을 갖지 못하게 하려고 제일 먼저 불가에 귀의하면 '하심'부터 하라는 것입니다. 아집과 아만과 아상이 가득한 채로 불법을 지닌 사람들은 흔히 말하는 꼴불견이 될 수도 있으며, 도반끼리의 화합을 이루기가 어렵습니다.

부처님 당시에 스님들은 탁발을 통해 식사를 해결했습니다. 지금으로 말하면 빌어먹은 것이지요. 가장 위없는 도를 향해 수행하는 수행자가 인간으로서 가장 낮은 생활방식인 빌어먹는 걸식으로 생활한 것입니다. 이는 밥을 주는 사람은 복덕을 짓게 하고, 수행자는 자기 자신을 낮추어 해탈을 향한 길에서 오직 정진하기 위해서였습니다. 그래서 재가신도는 스님들께 밥을 주고, 법을 빌어서 마음을 깨끗이 닦고 복덕을 지은 것입니다. 스님들은 재가신도들에게 법을 베풀고 밥을 빌어서 아만심을 다스리고 겸손 속에서 가장 낮은 길에서 가장 높은 수행으로 나아갔기 때문에, 스님들을 복덕이 무한히 자라나는 복전福田이라고 합니다.

옛말에 "벼는 익을수록 고개를 숙인다."라는 말이 있듯이 절밥을 많이 먹은 불자라면 초심자들과 달라도 많이 달라야 합니다. 그 달라야 한다는 것의 기초에는 바로 보살행이 몸에 배어 있어야 하는 것입니다. 그 보살행을 아무런 거리낌 없이 자연스럽게 할 수 있을 때 비로소 그 사람을 '참불자'라 부를 수 있습니다.

내 몸 태워 가며 어두운 곳에 환한 광명을 주는 초 한 자루처럼, 내 몸을 태워서 오탁의 세상을 향기롭게 하는 향처럼, 내 몸을 오체투지 하는 모습 그대로 제일 밑바닥에 두고 다른 불자들을 위해 행하는 것이야말로 진정한 보시인 것입니다.

자신을 낮추는 것이 진정한 보시

자신을 낮추고 이웃에 대한 연민의 정을 가질 때 아상을 버리고 이웃과 하나가 될 수 있습니다. 그리고 이 열려진 마음을 가지는 것이 곧 원을 발하는 것이 됩니다. 이것이 곧 상구보리上求菩提 하화중생下化衆生의 보살정신이 되는 것입니다. 그런데 이

자리를 버린다는 것이 참 어렵습니다. 부귀와 영화를 헌신짝같이 버리고 출가한 승려도 명예와 권위를 버리지 못하여 도를 그르치는데, 하물며 재가신자들이야 얼마나 어렵겠습니까.

불교에서는 자기와 남을 구별할 수 없는 것입니다. 구별하는 것이 무의미하기 때문입니다. 자신이 악하면 세간이 불행하고 자신이 밝고 덕스러우면 그만큼 세상이 밝고 따뜻해집니다. 현실에서 중생과 아픔을 함께하며, 고통을 덜어 주고자 커다란 원을 세우고 자신을 아끼지 않고 실행해 가는 것이 참다운 불자의 모습인 것입니다.

우리는 살면서 분별을 많이 합니다. 지연으로, 학연으로 줄 세우기를 좋아하고, 나와 생각이 같은 사람이다 아니다 편 가르는 데 익숙해져 있습니다. 이것이 바로 중생심인데 부처님은 항상 그렇게 하지 말라고 하셨습니다. 인연의 법칙 속에서는 나눌 것이 없기 때문입니다.

어떠한 원인에 의해서 그것을 중심으로 발생하고 일으키고 멸하기를 거듭하는 것을 연기법이라 합니다. 이를 좀 더 쉬운 말로는 인연법이라 합니다. 연기의 법칙을 바로 알게 되면 삼라만상의 존재의 의미도 제대로 알 수 있고, 우리가 무엇을 어떻게 하면서 살아야 될 것인가도 알 수 있게 됩니다. 이 연기의 법칙을 떠나서는 그 어떤 것도 존재할 수 없습니다. 생명을 비롯한 일체 모든 삼라만상이 이 인연 법칙 속에서 생성되고 존재하는 것입니다.

연기의 법칙으로 볼 때 무엇 하나 홀로 서는 것이 없고 서로 의존한다는 것을 아셨다면 모두가 하나의 틀 속에서 서로 어울려 협력하면서 살고 있다는 이치를 알아야 합니다. 인연이라는 말에서 인因은 자신의 근기로 지은 업이고, 연緣이란 주변의 환경이라 할 수 있습니다. 따라서 인연이라는 것은 자신의 업과 주변 환경이 맞물려 생겨나는 것입니다. 너와 내가 별개라는 생각은 연기의 법칙 속에 있을 수가 없는 것입니다. 우리 인간이 사는 삶 자체도 그렇습니다. 인간이 홀로 잘나서 사는 것 같지만, 뭇 중생의 도움과 협력이 있어야만 단 하루라도 생명을 유지할 수 있는 것입니다.

바로 네가 나고 내가 바로 너고, 너와 나는 하나의 인연 법칙 속에서 그렇게 맺어 가며 살고 있는 것입니다. 마음속에 미움이 있다면 이것은 상대를 남으로 보기 때문에 생긴 것입니다. 아무리 미운 존재가 객관적으로 있다 하더라도 바로 그 모습이 나의 모습이며, 나와 관계를 맺고 있다고 생각할 때 어찌 미운 마음이 오랫동안 사무쳐 적이 될 수 있겠습니까.

연기의 법칙을 알고 이웃을 사랑하라

내가 올라가기 위해서 너를 짓밟겠다, 혹은 내가 앞서가기 위해서 너를 제쳐 놓겠다는 것은 무한경쟁의 논리가 아니겠습니까? 여기에 어찌 인간적인 관계가 있고 아름다움과 평화로움이 존재하겠습니까? 인간의 자유와 여유도 찾아볼 수 없을 것입니다. 그것은 밀림의 법칙, 야만의 법칙, 맹수의 법칙입니다. 여러분 〈동물의 왕국〉을 보셨죠? 거기서는 오로지 강자만이 살아남습니다.

어떻게 만물의 영장이며 역사를 이끌어 왔다는 인간이 야만적이고 비인간적이고 파괴적인 사고와 삶을 선택하면서 마치 그것이 대단한 것처럼 얘기할 수 있을까요? 그것은 말이 안 되는 얘기입니다. 우리가 진정 인간이기 위해서는 역사발전을 이끌어 온 주체로서, 희망적인 미래를 꿈꾸기 위해서는 적어도 '나'만이 사는 길 혹은 강자, 승자, 일류만이 사는 길이 아니라 함께 사는 길을 찾아야 합니다.

너도 살고 나도 살고 인간도 살고 자연도 살고 여기에 한 걸음 더 나아가서 기왕이면 일류가 아닌 이류, 삼류, 사류, 오류들과 함께 가슴 아파하고 그들을 끌어안고 그들과 함께 삶을 향유할 수 있는 그 길을 함께 찾을 수 있도록 모색해야 합니다.

그렇게 할 때 우리가 사는 세상을 인간다운 세상이라고 할 수 있지 않겠습니까?

적어도 그런 사회, 그런 삶의 여건들로 가꿔 가는 역할을 해 냈을 때 우리는 부처님 제자라 할 수 있을 것입니다. 그런 삶의 터전들을 가꾸기 위해서 애쓴다고 할 때 비로소 우리는 진정한 부처님의 제자요, 보살행을 실천한다고 할 수 있을 것입니다.

연기의 법칙은 인간과 인간뿐만 아니라 넓게 생각해 보면 인간과 자연의 관계에서도 작용합니다. 인간은 자연과의 관계에서 항상 인간 중심으로만 생각을 합니다. 자연을 그저 지배해야 할 대상으로 여긴다는 거지요. 이렇게 이기적으로 살다 보니 심각한 환경오염 문제가 생겨나게 된 겁니다. 자연이 무한히 베풀어 주는 것에 대해 이제는 신세를 갚아야 하지 않겠습니까?

그러나 연기의 법칙으로 보면 내가 곧 자연입니다. 내가 살려면, 오염된 물과 흙, 공기를 살려야 하고, 앞으로 더러워지지 않도록 보호해야 합니다. 에어컨과 세제 사용을 줄이는 것도 보살행인 동시에 내가 건강하게 살 수 있는 길이 되는 것입니다.

보살의 마음, 자비

그렇다면 보살행을 실천하려면 어떤 마음가짐이 필요할까요?

흔히들 요즘을 가리켜 무한 경쟁사회라고 합니다. 최고만이 살아남을 수 있는 세상으로 변하면서 사람들의 머릿속은 승자가 되기 위해 너를 짓밟고 올라가겠다, 또 내가 살아남으려면 네가 죽어야 한다는 생각으로 가득 차 있습니다. '내 귀한 목숨을 지키기 위해서, 나 하나만 편안하게 잘살면 된다'라는 생각으로 남에게 피해를 준 일은 없는지 생각해 보십시오.

우리 모두는 자신의 목숨을 무척이나 중하게 여깁니다. 그러나 다른 사람과의 관계에 의해서 나라는 것이 존재하고 유지될 수 있는 겁니다. 다른 사람의 목숨도 내 목숨처럼 귀하게 여기셔야 합니다. 결국 나 아닌 것은 세상에 존재하지 않습니다. 모두가 나라고 생각한다면 시기하고 미워해 왔던 대상들도 사라지게 됩니다.

자비심은 불교의 실천덕목 중 하나입니다.

요즘 경제가 매우 어렵다고들 합니다. 이렇게 어려운 시기에 먹고살기도 힘들고 뭘 해도 안 된다고 신세한탄만 하고 있다고 해결되는 것이 있겠습니까? 어려울수록 서로의 아픔을 나눠야 합니다. 부족하면 부족한 대로 서로 나누고 따뜻한 마음을 내어서 협력하고 베풀어 줄 때, 비로소 살 만한 인간사회가 되는 것 아니겠습니까? 내가 너라고 생각하고 나를 소중히 여기듯이 다른 사람들을 소중히 여기다 보면 자연히 경제적 형편이 어려운 사람, 병에 걸려 몸이 아픈 사람들을 돕는 자비심이 생기게 됩니다.

어떤 사람들은 너는 나보다 못하니 내 밑에 있어야 한다며 억지를 부립니다. 그러면 삶의 균형이 깨집니다. 착한 사람이 살기 힘들어집니다. 그러니 먼저 마음이 진실하고 순수할 수 있는 우리의 실질적인 행이 필요합니다. 그것이 바로 마음을 공부하는 자세입니다. 일체가 다 그렇습니다. 마음이 순수하면 편해집니다. 그것이 제일입니다. 돈과 권력이 있고, 주변에서 칭찬한다고 해도 내 마음이 불편하면 그것은 아무 소용이 없습니다.

자기 중심적인 삶에서 벗어나 이웃과 함께하는 삶으로 전환할 때 괴로움의 세계가 자유와 평안의 세계로 바뀌게 될 것입니다. 또한 나뿐만 아니라 주위 사람들도 더불어 이런 자세를 간직할 때 부처님께서 말씀하신 화합의 정신이 실현되는 것입니다. 이런 자세로 가족끼리 사랑하고 화목을 이루며 넓게는 이웃과 더불어 생각하며 살아갈 때, 마른 풀이 수미산같이 쌓여 있더라도 겨자씨만 한 작은 불똥 하나로 다 태울 수 있듯이 우리들의 조그마한 신행의 촛불이 온갖 더러움을 태우고 불국정토의 세계를 이 땅에 구현할 수 있을 것입니다.

진정한 보살행은 출가를 했느냐 그렇지 않느냐에 달려 있는 것이 아니라 그가 이웃의 아픔에 얼마나 자기희생적 태도로 살아가느냐에 달려 있는 것입니다. 보살행은 불자의 이타적 행동 양식이지 겉모습이 아니기 때문입니다. 용수보살은 이런 말씀을 하셨습니다.

"지옥에 떨어지는 것이 두려운 것이 아니라 이기적 수행자가 될까 두렵다. 보살은 지옥에 떨어져도 성불할 수 있지만, 이기적 소승인은 영영 성불의 길이 막혀 버린다."

성불은 이기심을 극복하고 남의 불행을 자신의 불행처럼 연민하는 보살행으로 얻어집니다. 이러한 대승불교의 사상을 모든 불자는 생명처럼 받들어 실천해야 할 것입니다. 진정한 출가는 이타행利他行이 있어야 합니다.

불난 집에서 뛰쳐나와라

불교의 궁극적 목표는 무엇이며, 우리가 수행을 통해서 도달하려는 궁극의 경지는 무엇이겠습니까? 참 어려운 질문입니다. 그런데 우리 불자들은 이 어려운 질문에 아주 쉽게, 누구나 당연하다는 듯이 답할 수 있습니다. 바로 성불 혹은 해탈이라고 할 것입니다. 자, 그럼 이제 성불은, 혹은 해탈은 무엇입니까? 답이 떠오르십니까?

성불은 열반, 즉 '불어 끈다(吸滅)'는 뜻으로서 번뇌의 뜨거운 불길이 꺼진 고요한 상태를 말합니다. 해탈解脫(vimokṣa, vimukti)은 한자의 의미대로 풀면 '풀어서 벗는다'는 뜻입니다. 일체 만물이 맺어지는 원리는 연기의 법칙을 따라 맺어지고 풀어지는 것인데, 이것을 '풀어서 벗어난다'는 말입니다. 즉 우리가 지금까지 수없이 되풀이한 잘못된 착각을 벗어 버린다는 것입니다.

그럼 그 착각이라는 것이 무엇이겠습니까? 우리가 살고 있는 곳이 생주이멸의 세계인 것을 모르고 영원하다고 생각하는 것을 착각이라고 하는 것입니다. 이 세계는 인연으로 생하였고 생주이멸을 반복하는 것이기 때문에 진실한 세계라고 할 수 없는 것입니다. 이러한 진리를 모르고 사람들은 서로 다투고 하루하루를 아등바등 살아갑니다.

화택문의 비유

이러한 어리석은 착각을 『법화경』「비유품」에서는, 거짓된 이 세상을 한평생 살아가는 모든 인간이야말로 아무것도 모르고 불 속에서 놀고 있는 어린 동자와 같다고 말하고 있습니다. 그럼 그 이야기를 소개해 드리겠습니다.

어느 곳에 집이 한 채 있었습니다. 그런데 이 집은 오래되고 큰 집이어서 어린아이들이 보기에는 한눈에 들어오지 않는 집이었습니다. 아이들은 본래부터 그 집에 살았고, 또 그곳이 익숙해졌기 때문에 항상 집 안에서만 재미있게 놀았습니다. 어느 날 외출했던 아버지가 집으로 돌아오는 길에 보니 불행하게도 집이 불에 활활 타고 있는 것이 아니겠습니까? 불에 타고 있는 집을 보고 아버지는 너무나 놀랐습니다.

'계속 불이 타도록 내버려 두면 집은 결국 잿더미로 변해 버릴 텐데, 아무것도 모른 채 우리 아이들은 집 안에서 놀고 있을 것이다.'

아버지는 집에 뛰어들어가 아이들에게 말했습니다.

"집에 불이 났으니 빨리 밖으로 나가자."

그러나 아이들은 집이 넓어 그 불이 보이지 않았기 때문에 상황을 알아채지 못했습니다. 그냥 재미있는 놀이에만 정신이 팔려 있었습니다. 아버지는 참으로 답답했습니다. 그때 좋은 생각이 떠오른 아버지가 말했습니다.

"밖으로 나가면 좋은 장난감이 있으니 가자."

그러자 아이들은 바깥에 있을 새로운 장난감을 기대하며 아버지를 좇아 밖으로 달려 나왔습니다. 그제서야 아이들은 무시무시한 불에 타고 있는 집을 볼 수 있었습니다.

이 이야기는 부처님께서 모든 중생을 생사의 고통에서 구제하려 하신다는 비유입니다. 이야기에 나오는 '불타는 집(火宅)'은 우리가 살고 있는 세상이자 우리의 육신입니다. 그리고 '아이들'은 그 안에서 이를 모르고 헤매는 우리 자신을 말하는 것입니다. 아버지는 부처님이시지요. 아버지가 아이들을 불 속에서 구해 내면서 주겠다고 한 장난감은 세 가지인데 바로 양 수레, 사슴 수레, 소 수레입니다. 이는 성문, 연각, 보살의 가르침입니다. 결국 아이들에게 준 장난감은 크고 흰 소가 끄는 수레인 일불승一佛乘의 가르침이라는 것입니다.

다시 말하면 우리가 사는 세상은 불타고 있는 거대한 화택과 같습니다. 집에 불이 나서 서까래가 내려앉고 기둥이 무너지듯, 지금 이 순간에도 우리 몸은 늙고 병들어 허물어져 가고 있습니다. 즉 불 속에 있는 어린아이들과 같이 안타까운 현실에 직면하고 있는 것이 우리네 삶입니다. 하지만 이러한 안타까운 현실에도 불구하고 그것을 알지 못하는 무지, 바로 그것이 모든 괴로움의 원인이 되는 것입니다.

무상한 것은 곧 괴로움입니다. 물론 세상에는 괴로운 일만 있는 것이 아니라 즐거움도 있다는 생각이 드시겠지요. 그러나 괴로움은 늙고 병들고 죽는 것이 다가 아닙니다. 모든 희로애락은 고통이 될 수 있습니다. 지금 당장 눈앞에 보이는 일시적인 기쁨과 즐거움이 영원할 것이라 믿고 여기에 집착하는 마음이 바로 고통을 낳는 것입니다.

사람들은 지금 누리고 있는 기쁨과 즐거움을 지키려고 안간힘을 쓰지만 그 기쁨도 순간일 뿐입니다. 고정불변하는 것이란 있을 수 없습니다. 그저 인연에 따라 생겨나고 그 인연이 다하면 흩어지는 것입니다.

이렇듯 세상은 불타는 집과 같이 무상하고 위험한 곳인데 우리는 탐욕의 불길 속에 빠져 있는 것입니다. 부처님께서도 화택문의 비유에서처럼 집이 불타고 있는 줄도 모르고 놀이에 빠져 있는 아이들과 같이 허상일 뿐이고 이루지도 못할 욕망을 놓지 못하는 인간들을 보고 일체가 괴로움이라고 말씀을 하신 겁니다. 이러한 부처님의 가르침에 따라 마음속에 활활 타고 있는 욕망의 불을 끄고 있는 그대로 이 세상을 보게 되면 모든 고통이 사라지고 마음의 평안을 얻을 수 있게 됩니다.

나도 해탈할 수 있는가

해탈이라고 하면 죽음을 떠올리게 됩니다. 그러나 죽어야만 해탈의 경지에 이를 수 있는 것은 아닙니다. 죽어서 필요한 일을 부처님께서 왜 강조하셨겠습니까? 부처님께서도 살아서 해탈하시고 살아서 열반에 드셨습니다. 간혹 불교는 허무주의라고 생각하는 사람들이 있습니다.

그러나 불교는 현실에 대해 적극적인 종교입니다. 부처님께서 말씀하신 해탈은 전생이나 내생의 문제가 아니라 바로 지금 우리 삶 속에서의 문제입니다. 집착으로 만들어 낸 수많은 허상들과 착각들, 그리고 그것들로 인해 생겨난 고통의 껍데기를 깨뜨리고 나면 그것이 바로 열반이고 해탈인 것입니다. 즉 깨치고 나면 세상 모든 것이 해탈의 세상입니다.

또한 해탈은 깨달음을 얻으신 큰스님만이 하시는 것이 아닙니다. 어느 누구라도 이를 수 있는 경지입니다. 옛 스님께서는 해탈의 경지에 다다를 수 있는 가장 빠른 방법을 말씀해 주셨습니다. 그것이 '방하착放下着' 하라는 것입니다.

다시 말하면 이것저것 따지지 말고 탁 내려놓으라는 것입니다. 그것이 해탈의 길로 가는 최고의 수행법이자 가장 쉬운 길이라 할 수 있습니다. 방하착을 하라는 것은, 자신을 정신없이 끌고 가는 '그 무엇'인가를 지금 바로 툭 놓아 버리라는 것입니다. 이 '놓아 버림'은 큰돈이 드는 일도 아니고 혹독한 고행을 필요로 하는 것도 아닙니다.

사람들은 놓아 버리는 순간 패배한 인생이 될 거라고 생각하기 때문에 움켜쥐고 쉽게 놓지 못하는 것입니다. 놓고 보면 나를 끌고 가던 '그 무엇'이 별것 아님을 알게 되지만, 놓기 전까지는 나의 모든 것처럼 생각되지요. 모든 번뇌의 근본 원인인 '집착'이란 놈을 놓고 가는 것이 바로 방하착입니다. 따라서 방하착이란 '바로 집착을 놓아 버려라', '비워 버려라', '소멸시켜 버려라'라는 말입니다. 이렇게 놓아 버림으로써 괴로움의 원인을 소멸시키는 것이 모든 수행의 핵심인 '무집착無執着'이고 그것이 바로 해탈의 경지입니다.

일체 다 놓아라

해탈에 이른 이들은 마치 바위나 고목처럼 된다고 생각하는 경우가 있지만 전혀 그렇지 않습니다. 해탈의 경지에 있는 이들의 삶은, 할 것과 하지 않을 것이 분명해진 밝음이며, 또한 잘못된 가치관 따위에 걸리지 않는 무애자재의 경지입니다. 이것은 제도화되고 정형화된 종교마저도 넘어서는 것이지요. 그러므로 누구라도 가능한 경지이지만, 그러나 반드시 세속적 집착과 자기의 종교적 편견마저도 버려야만 합니다. 그러니 결코 쉽다고만은 할 수도 없는 것이 사실입니다.

설산 동자雪山童子 이야기를 하고자 합니다. 설산 동자는 설산 대사雪山大士라고도 하는데, 석가모니 부처님께서 아득한 과거 세상에서 보살인행菩薩因行을 할 때 눈 쌓인 산에서 수행하던 시절의 이름입니다. 설산 동자는 오로지 해탈의 도를 구하기 위해서 가족도 부귀영화도 모두 버리고 설산에서 고행을 하고 있었습니다. 이를 본 제석천帝釋天은 설산 동자의 이와 같은 구도의 뜻을 시험해 보려고 아주 무서운 살인귀인 나찰羅刹의 모습으로 둔갑하여 하늘나라에서 설산으로 내려왔습니다. 그리고 설산 동자에게 가까이 가서 지난날에 부처님께서 설하신 게송 가운데 "제행무상諸行無常하니 시생멸법是生滅法이라."라는 내용만 읊어 주었습니다. 이 게송을 들은 설산 동자의 마음은 비길 데 없이 기쁘고 즐거워 금방이라도 깨달음의 등불이 바로 눈앞에 다가오는 것만 같았습니다.

"지금 게송을 설한 분은 누구십니까?"

고행을 하던 설산 동자는 자리에서 일어나 주위를 살펴봤습니다. 그러나 거기에는 무서운 나찰 이외에는 아무도 없었습니다. 설산 동자는 나찰에게 물었습니다.

"지금 게송의 반을 읊은 자가 바로 그대인가?"

"그렇다."

"그대는 어디서 부처님께서 설하신 게송을 들었는가? 나에게 그 나머지 반도 마저 들려주기 바란다. 만일 나를 위해서 게송의 전부를 들려준다면 평생 그대의 제자가 되리다."

"그대 바라문이여! 그렇게 물어봐도 아무 소용이 없단다. 나는 벌써 며칠이나 굶어 허기에 지쳐서 말할 기력조차 없기 때문이다."

"그렇다면 그대가 먹는 것은 무엇인가?"

"그것은 묻지 않는 것이 좋을 것이다. 단지 사람들을 무섭게 할 뿐이니까……. 내가 먹는 것은 오직 사람의 살이고, 마시는 것은 사람의 피다."

설산 동자는 한참을 생각했습니다. 그리고 조용히 입을 열었습니다.

"좋다. 그렇다면 그 뒤의 나머지 게송을 마저 들려다오. 그 반을 듣기만 한다면 나는 이 몸뚱이를 기꺼이 그대의 먹이로 바치리라."

"어리석도다. 그대는 겨우 여덟 글자의 게송을 위해서 목숨을 바치려 하는가?"

"참말로 그대는 무지하구나! 무상한 이 몸을 버리고 금강신金剛身을 얻으려는 것이니 게송의 나머지 반을 들어서 깨달음을 얻는다면 아무런 후회도 미련도 없다. 어서 나머지 게송이나 들려다오."

나찰은 지그시 눈을 감고, 목소리를 가다듬어 나머지 게문을 읊었습니다.

"생멸멸이生滅滅已이면 적멸위락寂滅爲樂이니라."

나머지 게문을 읊은 나찰은 지체 없이 설산 동자의 몸을 요구하였습니다. 이미 죽음을 각오한 설산 동자는 죽음이 두려운 것은 아니었지만, 그대로 죽으면 세상 사람들이 이 귀중한 진리를 알 수 없어서 전혀 도움이 되지 않는 것이 안타까웠습니다. 그래서 방금 들은 게송을 남기기로 결심하고 바위, 나무, 길 등에 많이 써 두었습니다. 그리고 높은 바위 위로 올라가서 나찰이 있는 곳을 향해 허공에다 몸을 던졌습니다.

그런데 설산 동자의 몸이 땅에 떨어지기 전에 나찰은 다시 제석천의 모습으로 돌아와서 커다란 손으로 설산 동자를 받아 땅 위에 고이 내려놓았습니다. 그리하여 제석천을 비롯한 모든 천상의 사람들은 설산 동자 발 아래에 엎드려 찬탄에 찬탄을 거듭하였습니다.

이처럼 설산 동자가 목숨을 바쳐 얻고자 했던 가르침은 바로 다음과 같습니다.

제행무상諸行無常
시생멸법是生滅法
생멸멸이生滅滅已
적멸위락寂滅爲樂

이 세상의 모든 것은 무엇이든 한결같음이 없도다. 이것이 바로 생멸하는 우주 만물 속에 내재해 있는 진정한 법칙이다.

그러므로 생하고 멸하는 것마저 이미 멸해 버린다면 고요하고 고요한 진정한 열반의 즐거움을 얻게 되리라.

— 『열반경』 권13

열반의 참다운 뜻은 현재의 상태에서 생사로부터의 해탈을 그대로 체득하는 것입니다. 따라서 열반이란 괴로움이 없다는 말입니다. 괴로움이 사라졌다는 것이지요. 그러면 오늘날 우리들이 앓고 있는 질병의 핵심은 무엇입니까. 괴로움입니다. 마음의 병을 한마디로 하자면 고苦입니다. 괴로움은 미움, 슬픔, 분노 등 그 외에도 여러 가지가 있습니다.

열반이란 이런 괴로움들이 모두 없어진 상태입니다. 마음이 아주 맑고 건강한 상태입니다. 슬픔도 외로움도 괴로움도 없고 그래서 스트레스를 받지 않습니다. 귀찮지도 않아요. 그러나 우리는 혼자 살면 외롭고, 같이 살면 귀찮으며, 같이 살다 헤어지면 또 외롭다고 합니다. 이래도 고이며 저래도 고입니다. 그러므로 이러한 현실을 직시하고 그 무상한 것을 놓을 수 있다면 해탈은 누구나 다다를 수 있는 경지입니다.

마음이 짓고 마음이 허문다

　모든 사람은 행복하게 살기를 원하고 그것을 목표로 살아가고 있습니다. 그럼 행복이란 무엇입니까? 행복이란 소망이 성취되었을 때 느끼는 추상적인 감정입니다. 사람마다 소망이 다르듯이 행복의 개념도 모두가 다를 것입니다. 이러한 감정들은 보는 대상마다 다르고, 보는 때에 따라 다르고, 보는 곳에 따라 다르게 나타납니다. 얼굴이 못난 사람은 예뻐지고 잘생겨지는 것이 평생 소망일 수 있고, 가난한 사람은 부자가 되는 것이 소원일 수 있습니다.

　원하는 소망이 성취되었을 때 사람들은 행복감을 느낍니다. 요즘 사람들은 돈만 많으면 행복해질 것이라고 믿고 돈벌이에 매달리고 있지요. 돈이 많으면 사고 싶은 것을 사고 하고 싶은 일을 할 수 있으니 행복할 것 같지만 반드시 행복해진다고 할 수 있습니까?

돈이란 살아가는 데 큰 도움을 주는 것은 분명하지만 때로는 인간관계를 악화시키고 소중한 생명을 앗아가는 불행의 원인이 되기도 합니다. 대궐 같은 큰 집에 살아도 근심걱정이 많으면 행복할 수 없고 달동네에 살아도 마음이 편하고 즐거우면 행복할 수 있습니다. 아무리 돈이 많아도 불만과 갈등, 슬픔과 분노가 쌓이면 행복할 수 없겠지요.

이렇게 같은 일을 두고 기뻐하기도 하고 화를 내기도 합니다. 또한 슬퍼하기도 하고 즐거워하기도 합니다. 왜 그렇겠습니까? 부처님의 말씀에 따르면 사람에게 드러나는 모든 것은 한마디로 '마음작용'의 결과라는 것입니다. 우리의 인생은 마음먹기에 따라 얼마든지 행복해질 수 있습니다. 행복이란 불변의 절대적 개념이 아니라 마음먹기에 따라 변할 수 있는 상대적 개념이라는 것을 알아야 합니다.

마음이 열쇠다

불교는 마음을 제외하고는 말을 할 수 없다는 이야기를 많이 합니다. 세상을 알고 인생을 알고 불법을 알려면 먼저 마음을 알아야 합니다. 마음이 곧 부처라는 말을 들어 보셨습니까? 불교의 핵심은 각자의 마음을 해결하는 데에 있습니다. 마음 문제에서 시작하여 마음 문제를 해결해야 되는데, 마음 구명하는 일이 먼저 이뤄져야 불교를 믿는 근본 목적인 해탈과 중생을 자비로 구제하는 것도 가능해집니다.

마음은 우주도 포함할 만큼 크지만 또 작기로는 겨자씨나 눈으로 볼 수 없는 소립자의 속에 들어갈 수 있습니다. 그러므로 이 마음을 깨끗하게 하여 크게 깨달으면 부처가 될 수 있고, 이 마음의 때를 벗지 못하면 미망의 늪에서 헤매게 되는 것이지요. 다시 말하면 우주와 인간의 만법이 모두 마음이며, 마음을 떠나서는 아무것도 없다는 뜻이 됩니다. 그래서 마음이 곧 부처라고 하는 것입니다. 모든 부처님은 이것을 깨달아서 부처님이 되셨습니다.

마찬가지로 우리들도 이 마음의 이치를 깨달으면 바로 부처님이 될 수 있는 것입니다.

약인욕요지 若人欲了知
삼세일체불 三世一切佛
응관법계성 應觀法界性
일체유심조 一切唯心造

만약 어떤 사람이 과거, 현재, 미래의 일체 부처님을 알고자 한다면 마땅히 법계의 본성 일체가 오직 마음으로 지어졌음을 관찰하라.

이것은 『화엄경』의 사구게로 화엄 사상을 이 짧은 네 구절에 집약해서 표현한 것입니다. 우리의 마음이 일체의 사물을 만들어 내지 않는 것이 없다는 유명한 구절입니다. 절에 다닌다는 사람치고 이 게송 안 들어 본 분은 없으시겠지요. 설사 불자가 아니더라도 일체유심조一切唯心造라는 말씀은 너무나도 널리 알려져서 누구나 다 아는 말입니다. 이 말에 대한 유명한 설화도 있지요.

신라 시대 원효 대사가 의상 스님과 함께 당나라 유학을 가던 중에 어느덧 밤이 되어 어느 산골의 다 쓰러져 가는 토굴에서 잠을 자게 되었습니다. 원효 스님이 잠을 자다 보니 목이 말라 물을 찾던 중에 마침 오목하게 생긴 바가지에 물이 있는 것을 발견했습니다. 옛날 산골이니 얼마나 어두웠겠습니까. 동그란 바가지에 차박차박하게 담긴 물을 시원하게 마셨습니다. 갈증이 풀리고 곧 다시 잠에 들었지요. 그런데 아침에 일어나 보니, 토굴은 바로 무덤이었고 어젯밤에 마셨던 바가지는 간 데

없고 웬 해골이 놓여 있지 않겠습니까. 바가지인 줄 알았던 것이 해골이었던 겁니다. 해골에 고인 물을 마셨다는 사실을 알고 원효 스님은 비위가 상해 배 속에 있는 것들을 다 토해 냈습니다. 구역질과 불쾌한 기분으로 괴로워하던 스님은 다시 생각했습니다. '같은 물인데 어젯밤에는 시원하게 갈증을 해결해 주었고 지금은 이렇게 고통의 원인이 되어 있다.' 스님은 "마음이 일어나는 까닭에 여러 가지 법이 생기고 마음이 사라지면 토굴과 무덤이 다르지 않네. 삼계가 오직 마음에 달려 있고, 모든 현상이 또한 식識에 기초한다. 마음 밖에 아무것도 없는데 무엇을 따로 구하랴!(心生則種種法生 心滅則龕墳不二 三界唯心 萬法唯識 心外無法 胡用別求)"라는 게송을 남겼습니다. 이렇듯 스님은 이때 '일체유심조'를 깨닫고 더 이상 찾을 것이 없다 생각하고 당나라 유학길을 멈추고 돌아왔습니다.

해골에 고인 물을 밤에 모르고 마실 때는 그렇게 맛있었지만 날이 밝아 그 정체를 알고 나니 구역질이 났습니다. 왜 그랬을까요? 선한 것과 악한 것, 깨끗한 것과 더러운 것, 좋은 것과 싫은 것 등의 분별은 모두 자기의 마음으로부터 나오는 것이지 물질 그 자체에는 깨끗함도 더러움도 없는 것입니다. 밤에 마신 구정물이 본래 더러운 것이었다면 그때 이미 토했을 것이지만 그것을 냉수라고 믿었기 때문에 시원하고 맛 좋은 물이 된 것입니다.

그러나 날이 밝아서는 더러운 송장에서 나온 물이라고 생각했기 때문에 구역질이 난 겁니다. 구정물을 더럽다고 생각하면 그것은 더러운 것이 되고, 깨끗하다고 생각하면 깨끗한 것이 되는 것이지요. 여기서 원효 스님은 모든 것이 외부의 물질에 있는 것이 아니고 마음에 있다는 것을 크게 깨달으셨던 겁니다. 이렇게 큰 깨달음을 얻었으니 먼 곳까지 유학 갈 필요가 없겠지요.

중생인 마음과 부처인 마음이 있을 뿐

모든 것은 마음이 짓고 마음이 허무는 겁니다. 중생을 만들어 낸 것도 마음이요, 부처를 만들어 낸 것도 마음이며, 행복, 불행, 너와 나, 연인과 원수 등 세상에서의 모든 것을 만들어 내는 것도 우리의 마음입니다. 다른 것이 아니라 마음 하나로, 이렇게 생각했다가 저렇게 생각했다가 집을 지었다가 허물었다가 하는 것에 지나지 않습니다.

『화엄경』에 "마음은 솜씨 좋은 화가와 같아서 세상의 모든 것을 그려 낸다."라고 설하고 있습니다. 이는 우주의 온갖 존재는 마음이 만들어 낸 것이므로 마음을 여의고 존재하는 것은 없다는 뜻입니다. 즉 마음은 존재하는 모든 것의 본체로서 유일하게 실재하는 것이라는 말입니다. 또 "마음과 부처와 중생, 이 셋은 아무런 차별이 없다."라는 가르침이 있습니다. 이 두 가지가 의미하는 것이 무엇이겠습니까? 바로 중생인 나와 내 마음과 부처가 차별이 없다면 지금 나의 중생심으로 행복을 그려 내고 지어서 볼 수 있다는 뜻이 됩니다.

의상 대사께서 "한 티끌 그 가운데 우주를 담고 있고 우주의 티끌마다 낱낱이 또한 이와 같다."라고 했습니다. 이는 아무리 작은 것에도 무한한 세계가 펼쳐져 있다는 것입니다. 또한 티끌이 우주의 견본이고 한 티끌도 견본이라면 이 세상 어느 것 하나 전 우주의 견본 아닌 것이 없다고 말씀하셨습니다. 이것은 마음이 모든 것을 지어낸다는 말과 마음, 부처, 중생이 하나이므로 즐거움 또는 행복을 멀리서 찾을 것이 아니라, 내 주변의 모든 사물에서 발견해 내라는 뜻입니다.

사람이 화를 내고 적을 만드는 것도 모두 마음이 지어냅니다. 내 마음에서 한 번의 죄를 일으키면 하나의 지옥을 지은 것이고 반대로 한 번의 청정심을 냈다면 하나의 극락을 이룬 것이니 그 공덕이 적지 않습니다. 우리는 이렇게 지옥과 극락을 짓고 허물며 살아가고 있습니다. 모든 것이 마음자리에서 생기고 멸하는 겁니다. 즉 마음을 잘 다스리면 부처가 되고 마음을 잘못 쓰면 악귀가 되는 것입니다.

『금강경』에 이르기를 "항하사와 같은 부처님 세계가 있다."라고 합니다. 모든 부처님 세계의 모든 중생은 용심用心이라는 것을 가지고 있습니다. 그것을 부처님은 다 아신다고 했습니다. 여러분들이 바로 부처인 겁니다. 우리 마음을 다스리면 다 됩니다. 그런데 잘 안 되는 이유는 한순간 마음의 화를 다스리지 못하고 끝내 남과 적이 되고, 욕심에 눈이 어두워 하나를 얻으면 둘을 얻으려 하기 때문입니다.

참으로 어리석은 행동이라 하지 않을 수 없습니다. 마음에 끼어 있는 더러운 때를 벗겨 내기만 하면 성불을 이룰 수 있는데도 불구하고 인간은 한순간의 마음을 다스리지 못해 깊은 나락에 빠지고 있는 것입니다. 모든 것은 마음먹기에 달려 있습니다. 우리는 항상 이 마음을 다스리는 것이 행복을 얻을 수 있는 지름길임을 명심해야 하겠습니다.

중생 중생이 제각기 마음을 갖고 있으니 만상이 천차만별입니다. 어지러이 버려진 마음을 하나로 모으면 모두가 하나 되니 이게 큰 마음 아니겠습니까? 부처님은 하나 되는 마음을 알아서 우리 중생에게 일러 주신 겁니다.

부처님에게 얼마나 다가갔는가

우리가 이렇게 부처님 법을 공부하는 이유는 부처가 되기 위한 것입니다. 그렇게까지 거창하지 않더라도 부처님의 마음처럼 되자는 것입니다. 그러면 '내가 어디만큼 왔는가, 부처님 근처는 왔는가?'라는 생각이 들 때가 있을 겁니다. 물론 마음으로 그런 경지를 가늠할 수도 있지만 객관적으로 얼마나 노력하고 있는가를 살펴보자는 말입니다. 여러분 스스로가 더 잘 알고 계실 것입니다.

자신을 점검할 수 있는 질문 몇 가지를 드리겠습니다. 스스로 질문을 던져 만족스러운 답을 할 수 있다면 그만큼 부처님 곁에 다가가 있는 것입니다.

나는 한 달에 부처님을 몇 번 만나는가?

여러분이 길을 지나가다 절이 있으면 들어가서 향 하나 피우고 절 세 번 하십시오. 부처님의 빙긋이 웃는 자비로운 미소만 봐도 마음이 흐뭇하고 좋지 않습니까? 그것도 부처님과의 만남입니다. 가능하면 절에 자주 가시고 삼배라도 올리고, 법회가 있으면 꼭 참가하고 부처님 말씀 듣기를 권합니다.

그런데 한 달에 한 번도 못 만난다고 한다면 그런 사람은 아주 부처님과 멀어지고 있는 것입니다. 그러니 자주 만나면 만날수록 부처님 가까이 맴돌고, 내 인생의 여행길에서 부처님에게 가까이 다가서고 있는 것입니다. 그런데 자주 가면 혹 시주를 해야 하는데 부담스럽지 않은가 하는 걱정을 합니다. 그런데 시주 안 해도 됩니다. 그냥 가서 절만 해도 좋다는 말입니다. 할 수 있는 만큼 하면 좋고, 없으면 안 해도 좋다는 말입니다.

그렇게 부처님 뵙고 마음의 안정을 얻고 자비의 미소를 느끼고 오면 얼마나 좋겠습니까. 한 달이 4주 정도 되는데, 일주일에 한 번씩이라도 부처님 만나면 빠른 시간 안에 부처님과 친해지고 내 마음속에 부처님이 계신다는 것을 느낄 수 있을 것입니다.

나는 경전을 얼마만큼 읽는가?

불자들은 불교경전은 많이 갖고 있는데 잘 읽지를 않습니다. 참 그것이 알고 싶습니다. 왜 안 읽는지? 그것이 안 된다면 법문이라도 자주 들어야 지혜의 문이 열려서 세상의 이치를 알고 살 수 있을 텐데 책도 안 보고 법문도 안 듣고 하면, 점점 더 마음은 어두워지고 자비심은 사라집니다. 어두운 마음속에서 항상 살고 싶지 않다면 한 달에 한 번씩이라도 법문을 들어야 합니다. 경전 또한 하루에 한 쪽이라도 매일 읽어야 합니다. 내가 얼마만큼 자주 불서를 읽고 법문을 듣는지 생각해 보셔야 합니다.

지혜는 불교에서 매우 중요시 여깁니다. 지식과는 다른 것입니다. 나를 얼마나 아는가, 세계는 어떻게 존재하는가? 또 나는 어디서 와서 어디로 가는가? 이러한 해답들이 부처님 경전 안에 다 있습니다.

읽지도 않고 듣지도 않고 실행하지도 않으니 어디서 그 답을 찾겠습니까? 정답을 모르는 무명 속에서 부질없이 왔다가 허송세월하고 가는 사람이 되는 것입니다. 그러니 사바세계에 괜히 왔다가 오염만 한가득 시켜 놓고, 빚만 잔뜩 지고 가는 인생이 아닙니까.

어찌할꼬? 법문을 듣고 경전을 많이 읽으면 그런 지혜가 계속 자극될 것입니다. 그래야 자기 육신에 대한 집착이나 내 소유, 애욕에 대한 집착에서 벗어날 수 있습니다. 이것이 여러분을 집착의 고통에서 벗어나도록 해 주는 것입니다.

나는 생활 속에서 염불하고 독경하는가?

관세음보살은 우리 중생의 소원을 들어주시기 위해 원력을 세우셨습니다. 우리 중생의 고난을 없애 주고 소원을 모두 들어주어 궁극에는 성불의 경지에 이르도록 도와주시는 분이 관세음보살입니다. 그래서 간절한 소원이 있을 때마다 '관세음보살님의 이름을 내가 간절히 부르오니 나의 소원을 성취시켜 주시옵소서'라고 기도하게 되는 것입니다. 다른 종교에서는 통성기도를 하는데 그곳에서처럼 통곡하고 울면서 큰 소리로 하라는 것이 아닙니다. 조용히 염주 돌리면서, 관세음보살, 관세음보살…… 하라는 말입니다.

버스 타고 다니면서, 일하면서, 나물 다듬으면서, 빨래하면서, 설거지하면서, 운전하면서 하라는 말입니다. 추월하고 싶을 때 관세음보살 한번 부르면 추월도 안 하게 될 겁니다. 누가 앞질러 가면 욕하지 말고 '관세음보살' 하면, 구업도 안 짓고 얼마나 좋습니까. 그러니까 일상 속에서 관세음보살, 아니면 지장보살, 그런 염불을 하십시오. 입으로 하는 것이니 어렵지 않습니다. 관세음보살 해도 되고, 지장보살 해도 되고, 나무아미타불 해도 되고, 어떤 부처님을 불러도 좋습니다. 자신의 입에 익숙해진 불보살을 부르라는 말입니다.

입을 놀려 두면 괜히 쓸데없이 남 흉보고 험담하게 되고 잡담하게 됩니다. 그러면 그것이 다 구업이 되는 것입니다. 죄가 된다는 것입니다. 그리고 염불과 비슷한 독경이 있습니다. 독경이란 부처님 경전을 읽는 것을 말하는데, 불교에는 우리 근기에 맞는 좋은 경전이 많이 있습니다. 게다가 요즘은 한글로 번역된 책도 많아서 내용을 이해하기도 좋습니다.

집에 있을 때나 전철 안에서, 여행하면서 읽으라는 것입니다. 집에서 아무 생각 없이 텔레비전만 보는 것보다 작은 상을 하나 갖다 놓고, 그 위에 불경 하나 올려놓고 읽으라는 말입니다. 알든 모르든 계속해서 읽어 보면, 언제나 부처님과 같이 있게 되고 경전 한 글자 한 글자 읽어 가는 가운데 자신의 죄가 없어지고 복이 하나씩 쌓이고 지혜의 문이 하나씩 열릴 것입니다.

나는 하루에 얼마만큼 참선을 하고 있는가?

아침에 일어나서 세수하고 양치하고 방석 위에 정좌해서 몸을 고요히 하고, 호흡을 길게 들이마시고 길게 내뿜고 내 마음이 고요해진 가운데 '나를 이끌고 다니는 주인공이 누구인가' 이것도 한번 생각해 보아야 합니다. 이것이 참선이라는 것인데 지금 서양에서는 자신의 종교가 아닌데도 불교의 참선을 따라 합니다. 참선이 일상생활 속에서 마음을 차분하게 하고 안정시키는 좋은 방법이기 때문입니다. 그러니 참선을 가족에게 일러주어 온 가족이 다같이 하면 더욱 좋은 가정이 될 것입니다.

현대를 사는 사람들은 정보의 홍수 속에서 처리해야 할 정보를 많이 갖고 있어 단 5분이라도 생각을 잠재우고 조용히 있기가 힘듭니다. 이런저런 걱정과 망상이 계속 떠오르고 허리며 어깨가 쑤셔서 가만히 있을 수 없습니다. 그래서 절이나 염불보다 참선하기를 더 힘들어 합니다.

하지만 꼭 명상을 하라는 말이 아닙니다. 예를 들어 부부싸움 할 때를 생각해 봅시다. 아내가 싸우자고 달려들 때 남편이 "조금 있다가 싸우자, 일단 잠시 앉아 보자, '이 감정이 어디서 왔는가?' 하고 생각해 보자." 그러면 어떻게 되겠습니까? 일단 화를 가라앉히는 겁니다. 그 화가 어디서 왔겠습니까? 별것 아닌 일로 일어난 어리석은 마음에서 온 것입니다.

이게 생활참선입니다. 그렇게 한참 생각해 보면 문제가 싱겁단 말입니다. 그러니 싸움이 생기지 않을 것입니다. 또 누가 싸우자고 달려드는데 참선이 어려우면 잠시 기다리라 하고 관세음보살 열 번만 부르고 싸우자고 해 보십시오. "관세음보살, 관세음보살……." 하면 누가 싸우자고 하겠습니까?

큰일을 하시는 분은 감정만 앞세우지 말고 일단 이 사건의 근본이 어디서 왔는가 잠깐만 생각해도 번뜩이는 지혜가 솟아납니다. 그래서 일을 깔끔하게 처리합니다. 이와 같이 참선을 많이 하면 내 마음이 편해지고, 부처님 가까이 다가가고, 부처님의 존재가 마음속에 있게 되고, 운명을 바꾸게 됩니다.

지금까지 부처님께 다가가는 방법을 알려 드렸습니다. 화를 내 봐야 자기 몸만 상하니까 항상 너그럽게 남을 보살펴 주고 넉넉하게 살아야 합니다. 그러면 행복이 올 것입니다. 비현실적인 얘기로 들릴지 모르지만 결국은 마음의 문제입니다. "누가 내 돈을 뺏어가 버렸어요. 그리고는 안 줘요." 생각해 보면 속상하겠지만 마음까지 상할 필요는 없습니다. '때가 되면 주든지, 없으면 말든지, 내가 전생의 빚을 갚았나 보다' 하고 생각해 버리면 마음은 편할 것입니다. 그렇게 살면 편안해지고, 또 그렇게 사는 것이 좋은 삶, 행복한 삶입니다.

우리 모두가 부처의 씨앗

불교에 입문하여 공부하다 보면 종종 듣게 되는 말이 바로 '불성'입니다. 그런데 이 불성이라는 개념이 알 것도 같고 모를 것 같기도 해서 항상 모호한 느낌을 갖게 되는데, 불성이란 바로 부처의 성품을 말하는 것입니다. 부처의 성품이란 진여의 법성을 뜻합니다. 혜안이 밝아지면 불성이 보입니다. 우리 모두는 반드시 부처가 될 종자이니 지금부터 싹트도록 정진합시다.

한마디로 불성이란 부처님이 될 가능성의 씨앗입니다. 그렇다면 『열반경』을 통해 불성을 살펴보도록 합시다.

사자후獅子吼 보살이 부처님께 물었습니다.

"부처님 불성이란 무엇이며 왜 영원하고 즐겁고 깨끗하다 하십니까?"

부처님은 다음과 같이 말씀하셨습니다.

"잘 물었소. 누구든지 법을 위해 물으면 그는 지혜와 복덕을 갖추게 되고, 보살이 이 두 가지를 갖추면 불성을 알게 될 것이오. 불성을 제일의공第一義空이라 하니 그것은 곧 지혜요, 지혜는 존재가 없음과 존재가 있음을 보고 영원한 것과 영원하지 않은 것을 보며 괴로움과 즐거움을 보고 내가 있음과 내가 없음을 봅니다.

존재가 없음(空)과 영원치 않은 것(無常)과 괴로움(苦)과 내가 없음(無我)은 생사요, 존재가 있음(無空)과 영원한 것(常)과 즐거움(樂)과 진정한 나(我)라는 것은 열반이요, 어느 한쪽만을 보고 다른 면을 보지 못하면 중도中道라고 할 수 없소.

중도는 불성이고 바른 깨달음의 종자요. …(중략)…

모든 법은 인연 따라 일어나고 인연 따라 사라지오. 그러나 불성은 깨뜨려지지도 않고 무너지지도 않으며, 끌려가지도 않고 얽매이지도 아니하여 허공과 같소. 모든 중생에게는 다 허공과 같은 불성이 있소.

만약 이 불성이 없다면 가고 오는 것도 없고, 나고 크는 것도 없을 것이오. 허공에는 거리낌이 없기 때문에 아무것도 볼 수 없는 것처럼, 중생의 불성도 그리하여 보살이라야 볼 수 있는 것이오. …(중략)…

중생은 이 불성을 보지 못하기 때문에 번뇌의 그물에 걸려 생사에 괴로워하지만, 불성을 보면 생사에서 해탈하여 열반을 얻을 것이오."

불교에서는 사람 개개인에게 본래 갖추어져 있는 본성이 있다고 합니다. 그 본성이 바로 부처님의 본성, 즉 불성이라고 합니다. 대승경전 『열반경』에 일체중생실유불성一切衆生悉有佛性이라는 말이 있습니다. 모든 중생에게는 불성이 있다는 뜻인데 여기서 일체중생이라는 것은 인간을 포함한 모든 생물을 말합니다. 따라서 모든 생물은 불성을 가지고 있다는 뜻이 됩니다. 그렇다면 사람인 경우에 불성은 어디에 있을까요?

불성은 어디에 있는가

『열반경』에 이 불성은 색, 수, 상, 행, 식 오온 가운데 있다고 말합니다. 그렇다면 이 오온 어디에 불성이 있는 것일까요? 이 물음에 『열반경』은 비파의 비유를 들어 설명하고 있습니다.

"이 악기에서 소리가 나는데 그 음색은 줄에서 나오는가? 아니면 다른 어떤 부분에서 나오는가? 음색은 분명히 비파에 있지만 어느 부분에 있는지 의문이 생겨 분해하면 그 소리가 없고, 조립하면 그 소리가 나오므로 비파에 소리가 없다고도 할 수 없고 있다고도 할 수 없는 것이다.

불성도 이와 같은 것이다. 중생에게는 불성이 있는데 그러면 과연 어디에 있는 것인가? 오온으로 이루어진 개체에 있는 것인가? 아니면 각각의 분해된 거기에 있는 것인가? 그러나 각각의 그 어디에도 불성은 존재하지 않는다. 그러면 불성은 존재하지 않는 것인가? 그런데 오온으로 이루어진 개체에 불성이 확실히 있다. 그러므로 비파의 소리처럼 불성은 있다고도 할 수 없고 없다고도 할 수 없는 그 어느 쪽도 아닌 것이다."

불성과 비파의 음색은 둘 다 보이지 않는, 형체가 없는 것이지만 분명히 존재하는 것입니다. 그러나 그것이 어디에 있는지 찾으려고 하면 찾을 수 없다는 것입니다. 하지만 우리가 분명히 존재하는 불성을 볼 수 없는 이유는 무명과 번뇌에 눈앞이 가려져 있기 때문입니다. 우리가 만약 수행을 해서 번뇌와 무명을 떨쳐 버린다면 반드시 불성을 찾을 수 있을 것입니다.

불성은 생기거나 사라지는 것이 아니다

그러나 불성이라는 것이 수행을 통해 만들어진다고 생각해서는 안 됩니다. 불성은 어떠한 원인으로 인해 생겨나는 것도 아니고 어떠한 계기로 소멸되는 것도 아닙니다.

"사람들은 달이 둥글다거나 이지러졌다고 하지만, 달은 언제나 둥근 그대로 있다. 더한 것도 덜한 것도 없다. 불성 또한 이와 같아서 항상 머물러 생멸함이 없는 것인데 다만 사람들의 견해에 따라서 생멸이 있을 뿐이다."

"예를 들면 그믐날에 참으로 어두워 아무것도 보이지 않는다고 해서 달이 없어진 것은 아니다. 그믐달이 보이지가 않는다고 해서 달이 없다고 할 수 없듯이 불성도 지금 보이지 않기 때문에 존재하지 않는다고 해서는 안 된다. 다만 범부가 그것을 볼 수 있는 능력을 상실한 것에 불과하다."

"별은 낮에는 전혀 보이지 않아서 별이 없어진 것처럼 생각되는데 그 별 자체가 없어진 것은 아니다. 태양이 지면 별이 나타나는 것이다. 불성도 이와 같아서 번뇌가 소멸되면 불성은 본래의 모습으로 나타날 것이다."

결국 불성이란 원래 그 자리에 그대로 있는 것인데도 불구하고 우리들의 번뇌로 말미암아 볼 수 있는 능력을 상실했다는 것입니다. 그러나 수행을 통해 번뇌를 떨쳐 버린다면 불성을 알 수 있을 것이며 그 순간 바로 깨달음을 얻을 수 있다는 것을 『열반경』은 말하고 있습니다.

그래서 불가에서는 종종 '한 생각 돌이키면 바로 부처'라는 말이 나오는 것입니다. 한순간에 불성의 자리를 보았다는 뜻입니다. 이 불성의 자리가 바로 부처님으로서의 본래 성품입니다. 그래서 성불이란 본래부터 이루고 있는 부처를 회복하는 것이요, 다시 찾았다는 것입니다.

이러한 깊은 뜻을 불교는 연꽃에 비유하여 대변하고 있습니다. 연꽃이 진흙탕에서 자라면서 진흙탕에 물들지 않으며 또 연꽃은 꽃대가 생기면서 씨방이 함께 생깁니다. 진흙탕은 번뇌가 가득한 중생의 마음이요, 물들지 않음은 불성이 번뇌에 물들지 않음이며, 씨방의 열매가 처음부터 생겨 있다는 것은 본래부터 불성이 있다는 것입니다.

우리 모두가 부처 될 종자

그러니 불성은 부처님이 될 가능성이 아니라, 이미 이루고 있는 본래부처를 두고 하는 말입니다. 깨닫고 보니 나는 원래 부처였다는 것을 알게 됩니다.

그래서 보살행은 본래부처의 자리에서 이탈해 있던 처지에서 불성으로 다시 귀환하려는 노력인 것입니다. 따라서 성불은 본래불성을 회복했음을 의미하고 옛 부처로 귀환했음을 뜻하는 것입니다. 이렇게 자신의 불성으로 되돌아와 부처님의 위치에서 볼 때 미혹을 일으켜 중생으로 전락했던 당시도 본래부터 부처였던 것이고, 정각을 이루어 되돌아온 지금도 부처인 것입니다.

불성은 크고 작은 것과 시간과 공간과 번뇌와 깨달음과 선과 악을 모두 초월하고 있습니다. 크게는 시방을 덮고 있고 작게는 겨자씨도 넉넉하게 생각합니다. 그러면서 일체 처에 두루하되 막히고 걸릴 것이 없고 어떤 색깔도 아니니, 온갖 대립이 사라진 절대 자체이며, 일체 언어가 끊어진 자리이며, 마음으로 사량분별이 끊어진 자리가 곧 본래불성의 자리입니다. 모든 생명의 원천이며 진리의 당체이며 우주의 근본입니다.

다시 악도에 떨어지지 않는다

우리는 윤회의 길을 걷고 있습니다. 어떤 때는 잘못하여 지옥이나 아귀에도 떨어졌다가 짐승 같은 생각을 내어 축생에도 떨어졌다가 아수라에도 떨어졌다가, 천신만고 끝에 인간의 몸을 받아서 여기까지 왔습니다. 이와 같이 끝없는 윤회의 길을 불교에서는 여행길에 비유해서 말합니다. 지금까지 삶의 항로를 걸어왔는데 내가 어디에 있는지 어디로 가는지 알고 계십니까?

부처님 가르침을 따라서 부처님이 안내해 주시는 그 길을 따라서 지금 생사의 늪을 벗어나, 윤회의 쇠사슬을 벗어나 자꾸 빠져나와서 지금 어딘가를 가고 있는데 어디쯤 왔을까 생각해 보십시오. 이것은 지역적인 것이 아니라 마음의 문제를 말하고자 하는 것입니다.

사실 스님네들이 여러분에게 "욕심내지 마라. 지금에 만족해라. 마음을 놓아라." 백날 말한다고 해서 그 말을 진정으로 체득하기 어렵다는 건 잘 압니다. 하지만 사실이 그런 것을 어쩌겠습니까? 여러분이 인간으로 태어난 것, 또 이렇게 부처님 법을 들을 수 있는 것, 이런 일들이 쉽게 일어나는 것이 아닙니다.

부처님께서 베사리성에 계실 때였습니다. 어느 날 성안의 사람들을 맞아 말씀해 주셨습니다.

"이 세상에는 만나기 어려운 것이 다섯이 있다. 부처님이 세상에 나셨을 때 만나 보기 어렵다. 부처님의 가르침을 바르게 설해 주는 사람을 만나기 어렵다. 부처님의 가르침을 알고 믿는 사람을 만나기도 어렵다. 부처님이 설하신 법을 스스로 잘 실천하는 사람을 만나기 어렵다. 위험에 빠져 있는 사람을 만날 때마다 자기 일처럼 구해 주는 사람을 만나기 어렵다."

어떻습니까? 여러분은 석가모니부처님이 오셔서 가르침을 전하는 시대에 태어났습니다. 부처님의 색신은 가셨어도 진리는 언제나 살아 있다는 말입니다. 지금 우리가 부처님의 법을 만났고, 법을 전하는 스님과 경전을 만났고, 절에 가서 훌륭한 도반들을 만났습니다. 만나기 어렵다는 다섯 가지 중에 네 가지나 만났지 않습니까?

마지막으로 위험에 빠져 있는 사람을 만날 때마다 자기 일처럼 구해 주는 사람은 누구겠습니까? 내가 그런 사람이 되고 싶다는 생각은 안 드십니까? 앞으로 좋은 일 하고 좋은 마음으로 살다 보면 그런 사람이 될 것이고 또 만날 것입니다. 여러분은 불법을 만난 것만으로도 충분히 행복한 분들입니다.

부처님은 내게 지혜를 주신 분

그 다음에 부처님은 나에게 어떤 존재입니까? 있으나 마나 한 존재가 아닌 내 운명을 바꿔 주신 분입니다. 나를 질곡에서 행복으로 이끌어 주신 분이 바로 부처님입니다.

극락세계에 갈 때, 염라대왕이 생활기록을 갖고 와서 앉아 있습니다. "아무개, 당신 생전에 별로 좋은 일 안 했구나. 내가 문제를 낼 테니 이것을 풀면 좋은 곳으로 보내 주지. 부처님은 어떤 존재였느냐?"라고 문제를 냅니다. 그럼 "네, 악도에서 극락으로 이끌어 주신 분입니다. 내 운명을 바꾸어 주신 분입니다." 이렇게 답하면 아무리 잘못이 많아도 바로 극락으로 가는 것입니다. 그것을 모르면 "염불을 많이 했느냐?"라는 질문에 "네, 저는 다른 것은 안 해도 입으로는 늘 염불을 했습니다."라고 답하기라도 해야 극락세계 문턱에 한 발은 들여놓을 수 있습니다. 법문을 많이 들었거나 불경을 많이 읽었어도 됩니다.

이런 지혜가 어디에서 오겠습니까? 여러분이 부처님을 알고 불법을 듣고 스님들을 만났기 때문에 알게 된 것입니다. 여러분이 현재 믿고 집착하는 것들은 모두 부질없는 것입니다. 부처님께서 말씀하셨습니다.

"세상에는 믿을 수 없는 세 가지가 있다. 그것은 육신과 목숨과 재산이다. 그러나 이들 가운데 방편으로 믿을 만한 것을 찾아야 한다. 겸손한 자세로 공경하고 예배하며 때를 따라 묻는 것은 육신을 통해 믿을 만한 것을 찾는 것이다. 이 목숨이 다할 때까지 부질없는 살생을 피하고 항상 부끄러움을 알아 모든 중생을 감싸고 사랑하며, 인색하지 않고 보시하며, 사음하지 않고, 거짓으로 세상을 속이지 않으며, 술에 취하지 않는 것은 목숨을 통해 믿을 만한 것을 찾는 것이다. 수행하는 사람에게 베풀고 가난한 사람을 돌보는 것은 재산을 통해 믿을 만한 것을 찾는 것이니라."

내가 소유한 것은 모두 무상한 것입니다. 그렇기 때문에 우리는 다음의 세 가지를 이해해야 합니다. 첫째, 내가 인연 법칙 속에서 살아가기 때문에, 서로가 협력해서 살기 때문에 너와 나는 둘이 아니라 하나라는 것이요, 둘째, 이것과 저것은 서로 협력하며 존재하고 상관·의존 관계 속에서 존재하는 것이니까 하나라는 것이요, 셋째, 이러한 모든 것이 마음에서 일어난다는 것, 마음이 주인공이라는 것입니다.

이를 아예 외워 버리는 것이 좋습니다. 어디서 누가 어떤 질문을 해도 막힘이 없을 것이고, 어떠한 고난이나 곤경에 처했더라도 이 이치만 알면 능히 해결할 수 있을 것이며, 자비로 감싸 줄 수 있는 이치가 있는 것입니다. 대수롭지 않게 생각하지 마시고, 염불처럼 외우시기 바랍니다.

참회하는 마음이 수행의 시작이다

부처님께서 사위성 기원정사에 계실 때였습니다. 그때 수보리, 목련, 대가섭 등 많은 비구가 여러 비구와 함께 유행遊行하고 있었습니다. 그리고 제바달다와 그의 무리들도 함께하고 있었습니다. 제바달다는 부처님의 사촌이었지만 부처님을 시기하여 무리를 만들고 살해하려고 한 사람이었습니다.

부처님이 대중에게 말씀하셨습니다.

"사람은 근기와 성품이 서로 같은 점이 있어 착한 사람은 착한 사람과 어울리고, 악한 사람은 악한 사람과 어울린다. 그것은 마치 물과 기름이 각기 서로 어울리는 것과 같다. 중생도 근기와 행하는 법에 따라 서로 각각 어울리게 된다."

그러면서 다음과 같은 게송을 설하셨습니다.

나쁜 벗이나 어리석은 이들과 더불어 함께 어울리지 말고 착한 벗이나 지혜로운 이와 항상 더불어 사귀어라.

사람이 본래 악한 것은 아니지만 악한 사람과 가까이 친하게 되면 뒷날에 반드시 악행에 물들어 좋지 않은 이름이 세상에 퍼지리라.

이 말씀을 들은 제바달다의 무리들이 부처님께 용서를 빌고 참회하였습니다. 부처님은 그들을 향해 이렇게 말씀하셨습니다.

"내 너희들의 참회를 들어주노니, 과거의 허물을 고치고 미래를 닦아 다시는 어리석음을 범하지 마라."

불교경전에서는 이러한 형식의 내용을 많이 만날 수 있습니다. 부처님의 가치를 알지 못하고 험담하던 외도들이 부처님의 법문을 듣고 깨우쳐 참회한다는 내용 말입니다. 참회한다는 것은 곧 부처님의 제자가 되었다는 말이기도 합니다.

부처님의 제자가 되는 첫걸음

기본으로 오계를 받고 참회하면 다시는 악의 씨앗이 싹트지 않고 수행을 잘할 수 있습니다. 그래서 계를 받기 전에도 참회의 과정이 반드시 필요합니다. 그러면 참된 부처님의 아들 딸들이 되고 수행 잘하는 사람입니다. 그러니 참회하여 업장을 소멸하고 계율을 지킨다면 다시는 악업을 짓지 않고 청정해집니다.

재가 불자들은 사회생활을 하다 보면 계율 중 기본이 되는 오계도 지키기가 쉽지 않습니다. 계율을 지키고자 하는 마음이 있다 하더라도 살다 보면 뜻하지 않게 계율을 어기는 경우가 생기게 됩니다. 그럴 때는 계율을 받았던 것을 후회할 것이 아니라 진실되게 참회를 해야 합니다. 또 계를 받은 후에 조금이라도 어긴 것이 있다면 바로 참회를 해야 합니다. 우리들이 어긴 계는 진정한 참회를 통해서 사라질 수 있습니다. 참회하지 않는다면 그 잘못은 다시 더욱 불어나 결국은 계를 받은 의미가 사라져 버리고 맙니다.

참회는 기도와 수행을 통해 하시면 됩니다. 가능하면 잘못을 안 즉시 그 자리에서 참회를 해야 효과가 좋습니다. 비록 한 번의 실수를 했다 하더라도 진실한 마음으로 참회를 하면 앞으로 우리에게 계율을 지키며 살아갈 수 있는 힘을 주고 청정한 불자가 될 수 있게 만들어 줍니다.

어떤 수행이건 뜻이 바르지 않으면 삿된 길로 빠지기 쉽습니다. 이것을 지켜 주는 것이 계율입니다. 그리고 참회에 의해 계심이 유지됩니다. 따라서 계율을 받은 후에 추호라도 파계한 것이 있으면 곧 참회하여 계심을 잃지 않도록 해야 합니다.

2부 기본 교리

●

사성제四聖諦

팔정도八正道

삼독三毒과 계정혜戒定慧

육바라밀六波羅蜜

● 사성제四聖諦

사성제는 고제苦諦(duḥkha-satya)·집제集諦(samudaya-satya)·멸제滅諦(nirodha-satya)·도제道諦(mārga-satya) 등의 네 가지 진리를 말합니다. 제諦는 'satya'라는 인도 말을 옮겨 쓴 것인데, '변할 수 없는', '진리' 등의 의미입니다. 범속凡俗한 세간世間(즉 生死)을 벗어나는 신성한 진리라고 해서 사제四諦를 사성제四聖諦라고 합니다. 사성제는 연기법을 현실인생과 결부시켜 조직, 체계화한 최초의 진리입니다. 현실의 삶을 자각하기 이전의 범부의 삶과 자각한 중생이 얻어야 할 이상적인 삶의 단계로 연기법을 조직, 체계화한 것이기도 하며 인연설을 알기 쉽게 타인에게 알리기 위해 체계를 세운 법문입니다. 십이연기설이 이론적인 것임에 비해 사제설은 이론적인 동시에 실천적인 가르침입니다.

사성제 중 고제·집제의 두 진리가 인간의 미혹한 세계를 나타낸다면 멸제·도제의 두 가지는 깨달음의 세계를 나타냅니다. 이것을 연기설과 관련지어 간단히 정리하자면 다음과 같습니다.

고제 - 자각이 없는 고뇌의 현실세계 - 생사과生死果

　　　　유전연기流轉緣起-속제俗諦

　　집제 - 현실세계의 원인과 이유 - 생사인生死因

　　멸제 - 자각 있는 이상의 세계 - 열반과涅槃果

　　도제 - 이상세계의 원인과 이유 - 열반인涅槃因

　　　　환멸연기還滅緣起-진제眞諦

유전연기에 의한 순관이 현실의 고苦가 일어나는 순서를 나타내는 측면이고, 환멸연기의 역관은 현실의 고를 소멸시켜 가는 순서로 바라보는 측면입니다.

그렇다면 사성제를 하나하나 살펴보도록 합시다.

1. 고성제苦聖諦

사람이 살아가는 삶은 고통입니다. 부처님은 구체적으로 그 괴로움의 종류를 여덟 가지로 나누어서 설명하였습니다. 태어나는 것(生), 늙는 것(老), 병드는 것(病), 죽어야 하는 것(死)은 모두 고통(苦, duḥkha)입니다. 사랑하는 이와 헤어지지 않으면 안 되는 것도 고통이고(愛別離苦) 원한 있는 이와 만나게 되는 것도 고통입니다(怨憎會苦). 구하는 바를 얻지 못하는 괴로움도 고통이며(求不得苦) 번뇌하며 현실을 살아가는 이 몸도 고통입니다(五蘊盛苦).

불교의 근본 교리 중 하나인 사성제에서 가장 첫 번째가 되는 것이 바로 이 고성제입니다. 사성제의 네 가지 성스러운 가르침에서 나머지 다른 세 가지는 바로 이 고성제를 전제로 하여 전개되어 나가는 것이라 할 수 있습니다.

그렇다면 부처님은 왜 하필이면 인생의 본질적인 문제에 대한 성스러운 네 가지 가르침의 출발점을 괴로움(苦)이라고 하는 것에 초점을 둔 것일까요? 어떤 사람들은 부처님이 설하신 삼법인 중 하나인 일체개고一切皆苦(모든 것은 다 고통이다)나 고성제를 근거로 하여 불교를 염세주의적인 성향으로 해석하는 경우도 있습니다. 그러나 명확히 이야기하자면, 불교는 염세주의도 아니고 그렇다고 해서 낙관주의도 아닙니다. 왜냐하면 염세주의나 낙관주의 모두 인생이라고 하는 것을 한쪽으로 치우친 편견에서 보기 때문입니다.

불교는 그 어떠한 종교보다도 현실적이며 편견과 망상을 여읜 지혜를 중시하는 종교입니다. 다만 그러한 객관적인 입장에서 바라본 삶이라는 것의 본질이 바로 고통이라는 것을 일깨워주고 있는 것뿐입니다. 그것은 의사와 환자의 비유로 설명이 될 수 있습니다. 중병에 걸려 있는 그 환자의 병이 너무 깊다고 하여 치료하기를 아예 포기해 버리는 것은 비관주의적인 경우라고 할 수 있을 것입니다.

그와 반대로 환자의 병에 대해서는 자세히 알아보지도 않고 막연히 곧 나을 것이라는 말로 환자를 일시적으로 안심시키는 것은 병의 근본적인 치료를 하지 않는 낙관주의적인 입장으로 비유될 수 있습니다.

부처님은 마치 훌륭한 의사처럼 그 어느 편견에도 치우치지 않고 중생이 처한 삶의 현실(苦)을 확실히 일깨워 주고 그 현실의 원인(集)과 해결 방법(道) 그리고 삶의 문제가 해결된 이상향(滅)을 체계적으로 제시하고 있습니다.

이러한 측면에서 봤을 때 불교는 염세주의적인 종교가 아니라 합리적이고 객관적인 입장에서 일체를 바라보는 종교라는 것을 알 수 있을 것입니다. 그렇다면 인생이 괴로울 수밖에 없는 이유는 무엇일까요? 불교의 초기 경전인 『아함경』에 인생에서 인간이 누릴 수 있는 여러 가지 형태의 행복에 대해 말하고 있는 것을 볼 수 있습니다. 그리고 부처님은 그것들이 결국에는 영원하지 않다는 것을 일깨우고 있는데, 삶이 근본적으로 고라고 하는 속성을 지닐 수밖에 없는 것은, 바로 그러한 삶의 무상에 있다고 할 것입니다.

불교에서 말하고 있는 고의 종류에 대해서는 여러 가지 방법으로 나누어 볼 수 있지만 괴로움의 속성이라는 기준으로 앞에서 열거한 여덟 가지 고를 분류해 보면 다음과 같이 요약됩니다.

① 고고성苦苦性 : 생·노·병·사를 포함하여 우리가 살아가면서 겪게 되는 슬픔, 근심 등등 일상적인 괴로움.
② 괴고성壞苦性 : 삶에 찾아오는 일시적인 행복감이나 쾌락이 변화할 때에 인간이 느끼게 되는 괴로움.
③ 행고성行苦性 : 인간의 구성요건, 즉 오온 그 자체에서 오는 괴로움.

여기서 우리는 인간의 괴로움을 설하는 부처님의 가르침에서 인간을 구성하는 기본 요소인 오온 그 자체가 이미 괴로움을 설하고 있다는 것에 주목할 필요가 있습니다. 일반적으로 불교에서는 인간의 존재를 거론할 때 인간을 오온의 집합체에 지나지 않는다고 하는 이야기를 자주 하게 되는데 이른바 무아無我(anātman)의 가르침이 바로 그것입니다.

그리고 존재의 다섯 구성요소 그 자체가 이미 고라고 했을 때에도 그 이면에는 그 고를 경험하는 실체는 없다고 할 수 있습니다. 달리 표현하자면 "단지 괴로움이 존재할 뿐 괴로워하는 자는 발견할 수가 없다. 행위는 있지만 행위자는 발견되지 않는다."라고 할 수 있습니다.

이상에서 우리는 불교의 사성제 중에서 첫 번째 가르침인 고성제를 살펴보았습니다. 이 고성제를 명료하게 아는 것은 대단히 중요하다고 할 수 있습니다. 그것은 부처님이 말씀하셨듯이 고를 본 자만이 고의 원인(集)과 고의 소멸(滅)과 고의 소멸에 이르는 길(道)을 볼 수 있기 때문입니다.

2. 집성제集聖諦

사성제에서 두 번째 가르침은 고의 원인을 말하고 있는 집성제입니다. 고의 발생 원인에 대하여 이야기할 때 언제나 그 근본적인 원인을 인간의 뿌리 깊은 탐욕, 갈애에서 찾고 있다는 것을 불교의 초기 경전인 『아함경』을 통해 알 수 있습니다.

갈애에는 세 가지 종류가 있는데, 욕애欲愛, 유애有愛, 무유애無有愛입니다. 욕애는 현실에 있어서 감각적 쾌락을 추구하는 애욕을 이르는 말이고, 유애는 사후에 천국 등의 훌륭한 곳에 태어나고 싶다는 욕구를 이릅니다. 무유애는 비존재, 허무, 어떠한 존재도 절대로 확실한 안온세계가 아니기 때문에 꿈과 같이 아무것도 없는 허무계를 안주의 땅으로 삼는 것을 이릅니다.

이 밖에도 고의 원인으로 깨달음에 장애가 되는 근본적인 세 가지의 번뇌, 즉 탐貪·진瞋·치癡를 들 수 있습니다. 즉 탐욕·성냄·어리석음을 말합니다. 이는 불도를 수행하는 자가 닦아야 할 세 가지 근본수행인 계戒·정定·혜慧라는 삼학三學의 상대가 되는 것으로 삼혹三惑이라고도 합니다. 또한 불도 수행에 장애가 되므로 독이라고도 합니다.

초기 경전에서는 탐욕이나 집착, 갈애를 버릴 것을 누누이 강조하는 내용이 많이 나오는데 그러한 가르침은 단순히 청정한 삶을 영위하라는 표면적인 이야기가 아니라 인간이 윤회하게 되는 근본 원인이 바로 탐욕임을 부처님은 알았기 때문입니다.

불교의 핵심적 가르침인 십이연기법은 인간이 윤회를 거듭하게 되는 과정을 열두 가지로 설명하고 있는데, 두 번째로 오는 행行이라고 하는 것이 중생의 맹목적인 탐욕, 갈애라고 할 수 있습니다. 이와 같이 부처님은 삶의 속성인 괴로움(苦)의 원인을 밝힘에 있어서 고라는 것이 실체가 있는 것이 아니라 인간의 무명을 바탕으로 한 탐욕에서 생긴 것임을 밝혔습니다. 또한 괴로움이라는 것은 일정한 조건에 의하여 발생한 것이므로 그것이 자연적으로 상황이 바뀌면 소멸하기도 한다는 것으로 자연 귀결이 되는데, 그것이 바로 멸성제입니다.

3. 멸성제滅聖諦

멸성제는 깨달음의 목표, 이상향인 열반의 세계를 말합니다. 모든 번뇌를 대표하는 갈애를 남김없이 멸함으로써 청정무구한 해탈을 얻음을 말합니다. 십이연기와 관련하면 무명이 사라져서 일체의 번뇌가 없어진 것입니다.

다시 말해 멸성제는 말 그대로 고가 멸해 버린 것을 뜻하며 그 고라는 것은 탐욕, 갈애를 그 원인으로 하고 있기 때문에 갈애의 소진, 소멸이라고 생각해 볼 수 있습니다. 타오르는 불꽃과 같이 이글거리는 탐욕이 소멸된 상태를 불교에서는 열반涅槃, 즉 불이 꺼진다는 용어로 표현하고 있습니다. 그렇다면 그러한 소멸의 세계, 즉 열반이라고 하는 것은 도대체 어떠한 상태인가 하는 물음이 자연히 생길 수 있을 것입니다. 부처님의 근본 가르침이 담긴 빨리어 경전을 보면 그와 관련하여 다음과 같은 말이 나옵니다.

> 열반이란 탐욕을 완전히 끊는 것이며,
> 탐욕을 포기하고 거부하는 것이며,
> 탐욕에서 해방되고 탐욕에 초연한 것이다.

즉 다시 말해 탐·진·치의 삼독이 소멸해 버린 상태를 일컫는다고 할 수 있습니다. 그러나 여기서 주의해야 할 것은 열반은 갈애가 소멸됨으로 인하여 찾아오게 되는 결과로 인식하면 안 된다는 것입니다. 이른바 어떠한 노력의 결과로서 얻어지는 것이 열반이 아니라는 내용으로, 열반은 일체 유위법有爲法(인연에 따라 발생·형성되는 모든 현상, 즉 원인과 조건과의 결합을 통하여 현실로 나타나는 여러 현상)을 초월해 있는 것이라 할 수 있는 것입니다. 달리 표현하자면 열반이라고 하는 것은 어떠한 것의 원인에 의해서 얻어지는 결과라 할 수 없으므로 인과의 개념을 초월해 있는 것이라 생각해도 좋을 것입니다. 따라서 열반이라 하는 것은 시간과 노력을 필요로 하는 먼 미래의 일이 아니라 지금 이 순간에 성취할 수가 있다는 것입니다. 그리고 그것은 철저하게 깨달음, 즉 지혜의 힘에 의해서 가능하다고 부처님께서 말씀하셨습니다.

지혜를 밝힌 사람에게는 탐욕이 더 이상 그 힘을 발휘할 수가 없으며 따라서 윤회라는 것도 더 이상 존재하지 않게 되는 것입니다. 그것은 마치 밝은 태양이 드러나면 눈이 자연히 녹게 되는 이치라고도 할 수 있을 것입니다. 이것이 불교가 똑같이 윤회를 설하고 있는 인도의 다른 종교들과의 큰 차이점이라고 할 수 있습니다. 가령 인도의 힌두교에서는 인간의 해탈을 업의 중요성을 강조하여 업을 인위적인 노력에 의하여 모두 제거했을 때 오는 결과라고 보고 그 제거 방법이 신에 대한 헌신에 있다고 설하고 있습니다. 그러나 불교에서는 철저하게 지혜에 의해서 스스로 그 업, 탐욕이 사라진다고 하는 가르침을 펴고 있습니다. 다시 말하자면 부처님은 인간의 고가 멸한 상태가 바로 열반인 동시에 해탈이라고 했으며, 그 방법을 제시한 것이 바로 다음에 올 도성제라고 할 수 있습니다.

4. 도성제道聖諦

네 번째 고귀한 진리는 고의 소멸에 이르는 길을 제시해 놓은 도성제입니다. 도성제의 핵심은 바로 양 극단을 피하는 중도에 있다고 할 수 있으며 그 실천적인 방법을 제시해 놓은 것이 팔정도八正道입니다. 팔정도는 다음 장에서 자세히 다루기로 하겠습니다.

● 팔정도八正道

부처님께서는 열반을 얻으려면 다음과 같은 여덟 가지의 바른 길(八正道, āryāṣṭāṅgika-mārga)을 닦아야 한다고 말씀하셨습니다. ① 정견正見 : 올바른 견해, ② 정사正思 : 올바른 생각, ③ 정어正語 : 올바른 말, ④ 정업正業 : 올바른 행위, ⑤ 정명正命 : 올바른 생활, ⑥ 정념正念 : 올바른 기억, ⑦ 정정진正精進 : 올바른 노력, ⑧ 정정正定 : 올바른 마음가짐 등이 그 여덟 가지입니다.

부처님께서 설하신 모든 가르침은 여러 가지 형태로 조금씩 변형된 것이지만 이 팔정도를 크게 벗어나지 않는다고 볼 수 있습니다. 부처님께서는 이해능력과 수행능력에 따라 여러 사람에게 다양한 방법으로 이 팔정도를 설하셨습니다. 그렇다면 팔정도를 하나하나 살펴보도록 하지요.

① 정견正見(Samyag-dārṣṭi) : 올바른 견해

정견은 사물을 있는 그대로 바르게 본다는 뜻입니다. 업과 과보에 관한 올바른 이해는 윤회의 한계 안에서 선한 행위를 추구하고 보다 높은 존재 상태를 얻는 데 도움은 되지만 그 자

체로서 해탈로 이끌 수 있는 것은 아닙니다.

성스러운 올바른 견해는 해탈로 이끄는 것인데, 네 가지 거룩한 진리(四聖諦)에 대한 통찰에 바탕을 둔 세계관을 의미합니다.

네 가지 거룩한 진리에 대한 올바른 견해는 괴로움의 소멸, 즉 열반에 이르는 길의 시작이자 길의 끝인 것입니다.

올바른 견해를 '진리에 따르는 올바른 견해'라고 부르기도 하며 길의 종극으로서의 올바른 견해를 '진리를 꿰뚫는 올바른 견해'라고 합니다. 이러한 진리를 꿰뚫는 올바른 견해는 깊은 집중의 삼매 속에서 가능한 것입니다.

② 정사正思(Samyak-saṃkalpa) : 올바른 생각(正思惟)

정사는 바르게 사유한다, 바르게 생각한다는 것을 뜻합니다. 생각할 바와 생각하지 않을 바를 마음에 잘 분간하는 것이고 화내는 마음, 죽이려는 마음, 세속적인 마음을 일으키지 말고 불교를 믿는 수행자는 그에 걸맞는 온화한 마음, 자비의 마음, 청정한 마음을 가지고 수행하려는 끊임없는 생각을 일으켜야 합니다.

이러한 올바른 생각은 개인적·사회적·정치적인 어떤 영역에서든 진정한 지혜는 이러한 고귀한 성품에서 나오는 것이며,

이기적인 탐욕, 악의, 증오, 폭력의 모든 생각은 지혜가 부족한 데서 비롯된다는 사실을 명백히 보여 주고 있습니다.

부처님께서는 올바른 생각을 세 가지로 나누어 구분했습니다. 1) 욕망을 여읜 사유, 2) 성냄을 여읜 사유, 3) 폭력을 여읜 사유 등입니다.

부처님께서는 선정에 들기 이전에 숲속에서 생각하면서 그의 생각이 위와 같은 두 가지 방향으로 갈라지는 것을 발견했습니다. 올바른 사유가 일어날 때마다 '그것은 스스로를 해치지 않고 남을 해치지 않고 그 양자를 해치지 않습니다. 지혜를 증진시키고 고뇌를 수반하지 않으며 열반에 도움이 되는 것입니다'라고 생각했으며, 그릇된 사유가 일어날 때마다 그 반대로 생각했습니다.

올바른 생각은 올바른 견해와 세계관을 바탕으로 만들어지는 결과로 세계 속에 능동적으로 참여하며 도덕적인 행위 실천의 원인을 제공합니다. 이 도덕적 행위는 도덕적인 생각을 수반하게 됩니다.

불교의 윤리는 다른 종교처럼 보상에 대한 기대나 처벌에 대한 공포에서가 아니라 사실에 대한 올바른 생각에서 오는 것입니다.

욕망을 여읜 사유 : 감각적인 쾌락인 오욕락五欲樂, 즉 눈에

의해 인식되는 색, 귀에 의해 인식되는 소리, 코에 의해 인식되는 냄새, 혀에 의해 인식되는 맛, 몸에 의해 인식되는 촉감의 유혹과 위험을 알고 거기에서 벗어나는 것을 말합니다.

성냄을 여읜 사유 : 진애를 소멸시키고 치유하기 위해서 부처님께서는 자애를 강조했습니다. 자애의 어원은 '우정'을 의미하지만 그보다 깊은 의미를 지니므로 보통 자비로 번역합니다. 자애는 감각적인 사랑이나 애정 또는 동정을 의미하지 않습니다. 그러한 것들은 특정한 대상에 대한 애정이나 사랑으로 자아에 대한 집착을 뛰어넘는 데 한계가 있습니다. 그러나 자애는 특정한 대상에 대한 편애가 아니라 무아無我적 사랑을 의미합니다. 자비의 요체는 자신이 스스로 행복해지길 바라듯이 '모든 중생이 행복할지어다!'라고 기원하는 것입니다.

폭력을 여읜 사유 : 잔혹하고 공격적이고 폭력적인 사유를 없애는 연민의 마음, 사랑의 개념입니다. 자애가 모든 존재의 행복과 안녕을 바라는 특징을 지녔다면 연민은 비폭력의 사유로서 모든 존재가 고통으로부터 벗어나길 바라는 특징을 지녔습니다. 폭력을 여읜 사유는 성냄을 여읜 사유에 따르는 사유에 자애와 연민이 합쳐진 자비의 실천으로 완성된다고 볼 수 있습니다.

③ 정어正語(Samyag-vāc) : 올바른 말

올바른 말은 거짓말을 하거나, 사람들 사이의 증오, 적대감, 불일치, 부조화를 불러오는 험담, 모함을 하거나 시기를 하거나 거칠고, 무례하고, 악의에 차 있고, 모욕적인 말을 하거나 게으르고, 어리석고, 쓸데없는 수다 또는 농담을 하지 않는 것입니다.

부처님께서는 올바른 말을 하기 위해 다음과 같은 말씀을 남겼습니다. 거짓말을 하지 말 것, 이간질하는 말을 하지 말 것, 추악한 말을 하지 말 것, 쓸데없는 말을 하지 말 것 등입니다.

올바른 말은 거짓말을 버리고 진실한 말을 하는 것입니다. 모든 거짓말의 의도에는 탐욕, 성냄, 어리석음의 동기가 놓여 있습니다.

탐욕에서 비롯된 거짓말은 자기 자신이나 자신과 가까운 사람들의 물질적 부, 지위, 존경, 찬양의 사적 이익을 목표로 하고 있습니다.

성냄을 동기로 하는 거짓말은 다른 사람을 해치고 파괴할 의도를 수반합니다.

어리석음을 동기로 하는 거짓말은 탐욕과 성냄을 수반하는 거짓말보다는 덜 악하다고 볼 수 있습니다.

이간질하는 말을 하지 말 것(不兩口)이라는 이 윤리적 덕목도 '하지 말라'는 단순한 부정적 계율로 그치는 것이 아니라 화합을 도모하라는 긍정적 측면을 갖고 있습니다. 이간질의 배후에는 경쟁자의 성공이나 덕망에 대한 질투나 증오가 놓여 있습니다. 또는 다른 사람들을 해치고자 하는 잔인한 의도, 자신에게 호의를 끌고자 하는 악한 욕망, 불화를 보고 느끼는 전도된 기쁨 등이 있습니다. 이간하는 말은 도덕적으로 아주 심각한 해악을 끼칩니다. 이간하는 말이 거짓말일 때에는 더욱 강력하게 악하고 불건전한 업을 유발하게 됩니다.

부처님께서는 이간하는 말을 하지 않는 대신에 우정과 조화를 증진시키는 화합의 말을 하도록 적극적으로 권장하고 있습니다. 그러한 말은 사람들에게 사랑과 타인의 입장을 이해하는 자비심을 가져다 줍니다.

추악한 말을 하지 말 것(不惡言)의 윤리적 덕목은, 추악한 말은 거칠고 상스러운 말로 듣는 자에게 불쾌감을 주는 말인데, 부처님은 이러한 말을 하지 않는 대신에 적극적으로 상냥한 말을 할 것을 권하고 있습니다.

추악한 말은 성내고 화를 내는 데서 발생하는 것입니다. 이러한 추악한 말은 세 가지로 나눌 수 있습니다. 첫째가 욕지거리를 들 수 있습니다. 둘째는 모욕적인 말을 하는 것입니다. 셋째는 비꼬아 하는 말입니다. 추악한 말은 진애를 수반하고 있습니다.

쓸데없는 말을 하지 말 것(不綺語)의 윤리적 덕목은 초점이 없으며 의미 없이 횡설수설에 가까운 농담이나 쓸데없는 말을 하지 말고, 보다 적극적으로는 의미 있고 조리 있는 말을 하라는 것을 뜻합니다.

나쁘고 해로운 말을 삼갈 때에 저절로 옳은 말을 하게 되고 친절하고 상냥하고 부드럽고 의미 있고 유용한 말을 사용하게 됩니다. 부주의하게 이야기해서는 안 됩니다. 말은 올바른 때에 올바른 장소에서 행해져야 합니다. 무엇인가 유용한 말을 하지 못할 경우엔 고귀한 침묵을 지켜야 합니다.

④ 정업正業(Samyak-karmānta) : 올바른 행위

올바른 행위는 올바른 생각, 올바른 말을 바탕으로 이루어진 것입니다. 탐욕이나 성냄, 어리석음은 올바른 생각이나 올바른 말에 기초하지 않는 이기주의적 행동이고 죄악입니다.

올바른 행위는 도덕적으로 명예롭고 평화로운 행위를 권하는 데 그 목적이 있습니다. 부처님께서는 세 가지의 올바른 행위를 말씀하셨습니다.

1) 생명을 죽이지 말 것

2) 주어지지 않은 것을 취하지 말 것

3) 사랑을 나눔에 잘못을 범하지 말 것입니다.

1) 생명을 살해하지 않는다는 것(不殺生)은 인간 자신의 존엄성과 모든 중생衆生에게까지 실천해야 할 윤리적인 덕목입니다. 생명에는 실제로 인간, 동물, 곤충을 망라한 식물까지도 포함됩니다. 그러나 식물은 제 몫을 다할 수 있는 의식의 결여로 제외될 수 있습니다. 불살생의 덕목에서 살생하지 않는다는 것 이외에 적극적으로 모든 생명의 이익을 위해 그들의 행복을 도모하는 것입니다.

탐욕과 성냄이 수반되는 살생은 더욱 심각하며 성냄이 수반되는 살생은 아주 잔인한 결과를 불러일으킬 수가 있습니다. 어리석음이 수반되는 살생은 의도적인 것이 덜하므로 그 과보가 보다 가볍다고 할 수 있습니다.

2) 주어지지 않은 것을 취하지 않는다는 것(不偸盜)은 윤리적 덕목에서 주어지지 않은 것이란 남이 정당하게 소유하고 있는 것을 말하며, 빼앗지 말라는 것은 도둑질을 하지 말라는 의미입니다.

계율 주석서들 가운데 가장 많이 언급하고 있는 이 '주어지지 않은 것을 훔치는 것'의 첫째는 도둑질로 남의 물건을 몰래

훔치는 것이며, 둘째, 강도질로 위협이나 폭력으로 공개적으로 다른 사람의 소유를 빼앗는 것, 셋째, 소매치기로 갑자기 다른 사람의 물건을 저항하기 전에 탈취하는 것, 넷째, 사기행위로 남의 소유를 자신의 것이라고 주장하여 탈취하는 것, 다섯째, 속임수를 쓰는 것으로 잘못된 저울이나 계량기를 써서 고객을 속여 이득을 취하는 것입니다. 이러한 '주어지지 않은 것을 취하는 것'은 모두 탐욕이나 성냄에 의해 수반되는 것입니다. 대부분 탐욕이 우선적인 조건이 되지만 증오가 거기에 수반되기도 합니다. 이럴 때는 그 업業의 결과가 더욱 무거워집니다.

3) 사랑을 나눔에 관해 잘못을 범하지 않는 것(不邪淫)은 윤리적으로 재가의 신도들에게는 부부관계의 균열을 막고 원만한 관계를 유지하기 위한 것입니다. 수행자들에게는 성적 욕망을 억제하는 청정행의 독신생활을 유지하도록 하는 도덕적인 금계에 해당합니다.

이 구절은 재가자가 불법적인 성적 관계를 맺어서는 안 된다는 것을 조목조목 명시하고 있습니다. 남성이건 여성이건 모두에 해당합니다. 아버지, 어머니, 친척, 형제, 자매의 보호를 받고 있는 여자는 그 후견인들의 동의 없이 결혼해서는 안 됩니다. 그 밖에 법적으로 보호받고 있는, 예를 들어 나이 어린 여자나 친척 관계의 여자나 수녀나 비구니 등 독신생활을 맹세한 사람과 성적 관계를 해서도 안 됩니다.

⑤ 정명正命(Samyag-ājīva) : 올바른 생활

올바른 생활은 '잘못된 생계를 버리고 올바른 생계를 도모하는 것'입니다. 올바른 생활의 개념은 속물적인 행동을 배제합니다. 불교에서의 생활은 궁극적으로 올바른 삼매에 들기 위한 준비 단계입니다. 여법如法하게 재산을 모을 것을 말하고 있습니다. 부처님께서는 구체적으로 다른 사람에게 해를 미치므로 피해야 할 다섯 가지 직업에 관해서 말씀하고 있습니다. 그 다섯 가지는 바로 무기 판매, 생명 판매, 고기 판매, 술 판매, 독극물 판매입니다. 여기서 생명의 판매는 인신매매나 매춘을 위시한 인간에 해당되는 것이나 가축 등 동물의 판매도 뜻할 것입니다. 그 밖에 피해야 할 잘못된 생활로 기만, 요설, 점술, 고리대부업 같은 것을 들고 있습니다. 올바른 말이나 올바른 행위를 수반하는 것이 올바른 생활이므로 당연히 올바르지 않은 삿된 생활은 기만, 요설 등의 잘못된 언어를 수반하며 무기 판매, 인신매매 등의 잘못된 행위를 수반합니다. 올바른 생활은 따라서 올바른 말과 올바른 행위에 기반을 둔 직업과 일에 종사하면서 생계를 유지해야 한다는 것입니다.

⑥ 정념正念(Samyak-smṛti) : 올바른 기억

정념이란 바르게 기억하는 것을 의미합니다. 생각할 바에 따라 잊지 않는 것이라고 할 수 있습니다. 따라서 올바른 기억은 마음이 지금 여기에 현존하는 것이며 분별적인 사유에 휩싸이지 않고 일어나는 사건을 관찰하는 것입니다. 그런데 이러한 상태는 무조건적으로 성립되는 것이 아니라 올바른 정진의 힘으로 가능합니다. 또한 올바른 정진은 팔정도에서 다른 선행들이 어느 정도 충족될 때 이루어질 수 있는 것입니다. 올바른 기억의 과정은 올바른 도덕적 관계로 열려진 마음을 통해 고요하고 민첩하게 현존하는 대상을 바라보는 것입니다.

올바른 기억을 실천하는 것은 분별을 일으키지 않고 고요히 평온한 상태로 바뀌는 것입니다. 모든 의도나 사유는 직접적인 체험을 방해하는 장애로 작용합니다. 이러한 것이 소멸됨으로써 마음챙김 속에서 대상은 있는 그대로 드러나게 됩니다. 그렇다고 해서 마음챙김이 그냥 수동적인 관찰로 머무는 것은 아닙니다. 오히려 마음챙김은 강력한 기능을 발휘합니다.

⑦ 정정진正精進(Samyag-vyāyāma) : 올바른 노력

올바른 노력과 건전하고 선한 힘은 올바른 견해와 올바른 생각으로부터 나옵니다. 일반적인 선한 상태의 힘의 경우에는

그것이 생사윤회의 범주 안에서의 공덕을 쌓는 데 국한됩니다. 그러나 여덟 가지 성스러운 길에서 선한 과보를 이끌어 내는 정진의 힘은 번뇌에 물든 마음을 해탈된 마음으로 바꾸는 것입니다.

이러한 올바른 정진에는 네 가지의 노력(四精勤)이 있습니다. 여기서 불건전한 상태(不善法)는 지양되고 건전한 상태(善法)를 실현시키는 것을 말합니다. 불건전한 상태란 행위를 유발하건 유발하지 않건 간에 번뇌에 물든 사유, 감정, 의도 등의 마음 상태를 말하며, 건전한 상태는 해탈로 이끄는 청정한 마음 상태를 말합니다.

궁극적으로 불건전한 것은 해탈에 장애가 되는 것으로 방치되고 버려져야 하는 속박의 연기에 소속되며 건전한 것은 해탈에 도움이 되는 것으로 지속시키고 계발해야 하는 자유의 연기에 소속되는 것입니다. 이러한 불건전한 상태가 정신의 집중과 있는 그대로의 깨달음을 방해하는 만큼 장애라고 부릅니다. 이러한 장애를 극복하기 위한 것이 네 가지의 노력, 즉 사정근四精勤입니다. 사정근에는 율의근律儀勤, 단근斷勤, 수근修勤, 수호근守護勤 등이 있습니다.

제어에 의한 노력(律儀勤)은 아직 생겨나지 않은 불건전한 상태의 발생을 방지하는 것을 말하며, 버림에 의한 노력(斷勤)

은 이미 일어난 불건전한 상태를 버리는 것을 말합니다. 수행에 의한 노력(修勤)은 아직 일어나지 않은 건전한 상태를 일으키는 것을 말하며 수호에 의한 노력(守護勤)은 이미 생겨난 건전한 상태를 유지하는 것을 말합니다.

⑧ 정정正定(Samyak-samādhi) : 올바른 마음가짐

여덟 가지 성스러운 길 가운데 마지막 올바른 마음가짐이 삼매입니다. 정정은 명상의 과정에서 올바른 집중, 선하고 건전한 마음 상태에서의 집중 과정을 의미합니다. 뿐만 아니라 그것은 사물을 있는 그대로 분명히 아는 마음챙김을 수반하며 해탈의 계기로 작용합니다.

삼매三昧(samādhi)는 건전한 집중으로 일상적으로 흐트러진 마음의 흐름을 내적인 통일로 향하게 합니다.

잘 집중된 마음은 명상의 주제인 대상에 초점을 맞추어 그 속에 침투하고 거기에 흡수되어 그것과 하나가 됩니다. 그래서 정신적 장애의 제거와 마음챙김의 확립이라는 삼매의 과정에서 올바른 집중은 마음의 멈춤(止, śamatha)과 대상의 관찰(觀, vipaśyana)이라는 두 가지 계기를 갖고 있습니다. 이러한 멈춤과 관찰의 실천적 작업이 이루어지는 장소가 바로 명상의 장(業處)입니다.

● 삼독三毒과 계정혜戒定慧

1. 삼독

삼독三毒이란 탐욕·성냄·어리석음(貪瞋癡)을 말하는데 마음에 번뇌를 일으키는 독과 같다고 해서 이렇게 표현한 것입니다. 인간이 살아가면서 여러 종류의 업을 짓기 마련인데 신身·구口·의意 업業 중에 가장 업력業力이 강한 것은 아무래도 자신의 행위를 인식하고 짓게 되는 의업입니다. 이 의업을 짓게 되는 세 가지 원인이 바로 삼독인 것입니다. 부처님께서는 이 삼독심의 가르침을 통하여 번뇌를 제거하고 깨달음을 얻기 위해서 어떻게 정진하고 무엇을 경계해야 하는지를 모든 경전을 통해 말씀하고 계십니다. 그렇다면 삼독을 하나하나 살펴보도록 합시다.

① 탐욕(貪)

지나친 욕심을 말합니다. 인간은 살아가면서 여러 가지 소망을 갖게 됩니다. 그러나 그러한 소망이 강해지면 욕심이 되고 욕심이 지나치면 자신과 남을 해치는 탐욕이 됩니다. 정당한 방법으로 소망을 이루는 것이 아니라 남을 속이고 다치게 하면서까지 자신의 욕망을 채우려 하는 것입니다. 이러한 탐욕은 남을 해치기 때문에 당연히 그에 상응하는 업의 결과를 받을 것이고 자신도 정당한 대가를 치르지 않은 것에 대해 업의 결과를 받을 것입니다. 그러므로 해탈의 길에서 멀어집니다.

② 성냄(瞋)

성내는 마음입니다. 이 성내는 마음은 직접적으로 다른 사람과 자신에게 해를 끼치는 것입니다. 성내는 마음은 자신과 다른 사람과의 싸움을 일으키고, 자신과 사회, 사회와 사회 또는 국가와 국가 간의 반목을 일으켜서 때로는 큰 싸움이 일어나 수많은 사람이 다치거나 죽게도 만드는 것입니다. 이 성내는 마음은 분명한 실체는 없으나 가장 공격적인 마음의 독입니다.

③ 어리석음(癡)

올바른 판단을 못하는 마음입니다. 사물을 있는 그대로 보지 못해서 생기는 마음입니다. 이러한 판단의 원인은 선입견, 무지, 오해, 이기심 등 다양합니다. 어리석은 판단의 결과로 우리들은 후회하고 번민하게 되면서 해탈의 길에서 멀어집니다.

이상이 삼독에 대한 간단한 설명입니다. 그러면 삼독에 관한 달마 대사의 말씀을 살펴보지요.

"진여불성眞如佛性의 모든 공덕은 깨침이 근본이 된다는 것은 알았으나 무명인 마음과 온갖 악은 무엇을 근본으로 삼습니까?"

"무명인 마음에는 팔만사천의 번뇌와 정욕이 있어 악한 것들이 한량없으니 성냄과 어리석음인데, 이 삼독심에는 저절로 모든 악한 것이 갖추어져 있다. 마치 큰 나무가 뿌리는 하나이나 가지는 수없이 많은 것처럼, 삼독의 뿌리는 하나이지만 그 속에 한량없는 많은 악업이 있어 무엇으로 비교할 수도 없다. 이와 같은 삼독은 본체에서는 하나이나 저절로 삼독이 되어 이것이 육근六根에 작용하면 육적六賊(六境)이 된다. 육적은 곧 육식六識이다. 육식이 육근을 드나들며 온갖 대상에 탐착심을 일으키므로 악업을 지어 진여를 가리게 된다. 그러므로 육적이라 이름한다.

중생은 이 삼독과 육적으로 말미암아 몸과 마음이 어지러워지고 생사의 구렁에 빠져 육도에 윤회하면서 고통을 받는다. 이를테면, 흐르면 시내를 이루고 마침내는 만경창파를 이루게 되나, 어떤 사람이 그 물줄기의 근원을 끊으면 모든 흐름이 다

쉬게 된다. 이와 같이 해탈을 구하는 사람도 삼독을 돌이켜 삼취정계三聚淨戒를 이루고, 육적을 돌이켜 육바라밀을 이루면 저절로 모든 고뇌에서 벗어나게 될 것이다."

"삼독과 육적이 광대무변한데 마음만을 보고 어떻게 한없는 고뇌에서 벗어날 수 있겠습니까?"

"삼계에 태어남은 오로지 마음으로 되는 것이나 만약 마음을 깨달으면 삼계에 있으면서 곧 삼계에서 벗어나게 된다. 삼계라는 것은 곧 삼독이다. 탐내는 마음이 욕계欲界가 되고, 성내는 마음이 색계色界가 되며, 어리석은 마음이 무색계無色界가 된다. 삼독심이 갖가지 악을 짓고 맺어 업을 이루고 육도에 윤회하게 되니 이것을 삼계라 한다. 또 삼독이 짓는 무겁고 가벼운 업을 따라 과보를 받는 것도 같지 않아 여섯 곳으로 나뉘게 되니 이것을 육도六道라 한다. 그러나 악업은 오로지 자기 마음에서 일어난다는 것을 알아야 한다. 그러므로 마음을 잘 거둬 그릇되고 악한 것을 버리면 삼계와 육도를 윤회하는 괴로움은 저절로 소멸되고, 모든 고뇌에서 벗어나게 될 것이니 이것을 해탈이라 한다."

—『달마 관심론』

삼독을 다스리기 위한 수행으로 부처님께서는 계·정·혜 삼학三學을 설하셨습니다.

2. 계戒·정定·혜慧

계·정·혜를 삼학三學(tisraḥ śikkhā)이라고 하는데 이것은 진리를 탐구하는 수행자가 배워야 할 세 가지 중요한 수행법입니다. 삼학은 또한 증계학增戒學(adhiśīla), 증심학增心學(定學, adhicitta), 증혜학增慧學(adhiprajñā) 등이라고도 하는데, 계율戒律·선정禪定·지혜智慧를 함께 닦아야 한다는 뜻입니다.

계戒는 정과 혜의 기초가 되는 것으로 무명無明으로 인한 잘못을 저지르지 않기 위한 것입니다. 계는 내용에 따라 다시 두 가지로 나누어 볼 수 있습니다. 첫째, 그릇되고 나쁜 것을 방지하는 금지 조항입니다. 이것은 부처님의 가르침을 따르기로 한 재가신도나 출가 승려라면 반드시 지켜야 하는 계율입니다. 즉 이러한 계율에 의해 불교교단과 여타 집단이 구별됩니다. 그렇지만 계율이 이처럼 금지의 조항들로만 이루어진 수동적이고 소극적인 것은 아닙니다. 둘째, 모든 선행을 받들어 행하는 계가 있습니다. 이것은 한정된 계율의 준수에만 머물지 말고 적극적으로 선을 행할 것을 권하는 것으로써, 이러한 적극적인 계율에 대한 자세가 자비라는 불교의 도덕적 이상에 보다 더 잘 부합하는 것입니다.

정定은 평소의 산란한 마음을 일정한 대상에 집중함으로써 고요한 가운데 진리를 관찰하게 하는 수행을 말합니다. 평상시 우리의 삶은 전생에서의 그릇된 행위들로 인한 업으로 인해 잠시도 멈춤이 없는 번뇌의 침범을 받게 됩니다. 그러한 번뇌는 우리 자신을 포함한 모든 사물의 실상을 파악하지 못하도록 막고 있으며, 또한 끊임없이 그릇된 행위를 계속하게 하여 우리로 하여금 윤회의 질곡에서 벗어나지 못하도록 합니다. 이와 같은 번뇌의 침입을 막아 주는 것이 바로 정입니다.

혜慧는 이와 같은 무명과 미혹을 깨뜨리고 모든 것의 있는 그대로의 진실을 깨닫는 것입니다. 혜는 역사상 붓다가 깨달았던 이 세계의 진실한 모습이자, 그동안의 수행과 동시에 일어나게 되는 지혜·통찰을 말합니다. 즉 그것은 이 세상에서 연기법의 이치와 네 가지 성스러운 진리(四聖諦) 등을 발견하는 것이며, 또한 그러한 가르침을 구체적으로 확인하는 방법이기도 합니다.

그렇다면 먼저 이와 관련된 부처님 말씀을 살펴봅시다.

> 부처님께서는 아난다와 함께 콜리성 북쪽의 한 나무 아래 머무르시며 여러 비구에게 말씀하셨다.
> "너희들은 청정한 계율을 지니고 선정禪定을 닦으며 지혜

를 구하여라. 청정한 계율을 지니는 사람은 탐욕과 성냄과 어리석음을 따르지 아니하고, 선정을 닦는 사람은 마음이 산란하지 않게 되며, 지혜를 구하는 이는 애욕에 매이지 않으므로 하는 일에 걸림이 없다. 계, 정, 혜가 있으면 덕이 크고 명예가 널리 퍼지리라. 또 세 가지 허물을 떠나면 마침내 아라한이 될 것이다. 지금의 이 몸으로 삼매三昧를 얻고자 하면 부지런히 깨닫기를 구해 이 생生이 다하도록 청정한 도에 들어가라. 마땅히 실행할 것을 행하면 죽은 뒤에 다시 윤회하는 세상에 태어나지 않을 것이다."

부처님은 아난다를 데리고 여기저기 다니면서 제자들에게 세 가지 요긴함을 말씀하셨다.

"너희들은 마땅히 계를 지니고 선정을 닦아 지혜를 깨달으라. 이 세 가지를 잘 지키는 사람은 덕망이 높고 명예가 드날리게 될 것이다. 음란한 마음과 성내는 마음과 어리석은 마음과 잡된 생각이 없어질 것이니, 이것을 일러 해탈이라 한다. 이 계행이 있으면 저절로 선정이 이루어지고, 선정이 이루어지면 지혜가 밝아지리니, 이를테면 흰 천에 물감을 들여야 그 빛이 더욱 선명하게 되는 것과 같다. 이 세 가지 마음이 있으면 도를 어렵지 않게 얻을 것이고, 일심으로 부지런히 닦으면 이 생을 마친 후에는 청정한 데에 들어갈 것이다. 이와 같이 행하면 스스로 이 몸을 버리고 다시 나지 않을 줄을 알리라. 만약 계, 정, 혜의 행을 갖추지 못하면 윤회에서 벗어나기 어려울 것이다. 그러나 이 세 가지를 갖추면 마음이 저절로 열리어, 문득 천상, 인간, 지옥, 아귀, 축생들의 세상을 보게 되고, 온갖 중생의 생각하는 것도 알게 될 것이다. 마치 시냇물이 맑으면 그 밑에 모래와 돌자갈의 모양을 환히 들여다볼 수 있는 것과 같다. 깨달은 사람은 마음이 맑으므로 보고자 하는 것이 다 나타난다. 도를 얻으려면 먼저 그 마음을 깨끗이 해야 한다. 마치 물이 흐리면 그 속이 보이지 않는 것과 같다.

마음을 깨끗이 지니지 못하면 세상에 나고 죽음을 벗어나지 못할 것이다. 스승이 보고 말하는 것은 제자들이 마땅히 실행해야 할 것이다. 스승이라 할지라도 제자의 마음속에 들어가 그 생각을 잡아 줄 수는 없기 때문이다. 생각과 마음이 청정한 사람은 도를 스스로 얻을 것이다. 여래는 청정함을 가장 즐거워한다."

— 『반니원경』

부처님께서는 인간의 최종 목적인 열반에 이르기 위한 길을 여덟 가지 바른 길, 즉 팔정도八正道로서 제시하셨습니다. 그 팔정도를 요소별로 다시 분류해 보면 모두 삼학三學에 포함됩니다. 즉 팔정도의 '올바른 말(正語)·올바른 행위(正業)·올바른 생활(正命)'은 계율을 통한 배움(戒學)에, '올바른 노력(正精進)·올바른 기억(正念)·올바른 마음가짐(正定)'은 선정을 통한 배움(定學)에, '올바른 견해(正見)·올바른 생각(正思)'은 지혜를 통한 배움(慧學)에 속한다고 할 수 있습니다.

대승의 실천 육바라밀 역시 마찬가지입니다. 보시·지계·인욕은 계戒, 정진·선정은 정定, 반야는 혜慧에 각각 상응한다고 할 수 있습니다.

이처럼 계·정·혜 삼학은 부처님의 가르침에 따라 해탈을 추구하는 사람이라면 누구나가 배우고 지켜야 할 구체적인 수행 방법의 핵심입니다. 팔정도와 육바라밀 같은 실천도와 궤를 같이 한다고 할 수 있습니다.

● 육바라밀六波羅蜜

부처님께서는 '인간으로서의 완성을 향한 여섯 가지 길'을 육바라밀六波羅蜜(śaḍ-pāramitā, śaṭ-pāramitā)이라고 하셨습니다. 바라밀이란 인도의 범어梵語인 '빠라미따pāramitā'를 중국에서 한자로 소리 나는 대로 옮겨서 파라밀다波羅蜜多라고 한 것인데, 우리나라에서는 예부터 바라밀다로 읽고 바라밀로 부르게 되었습니다. 육바라밀은 육도六度·육도무극六度無極·육도피안六到彼岸 등으로 의역했습니다.

바라밀이란 여섯 가지 수행을 통해 고해의 이쪽 언덕에서 열반의 평화로운 저쪽에 도달하도록 해 주는 수행 또는 그런 상태라는 뜻입니다. 이런 의미에서 '도피안到彼岸'이라고도 합니다. 우리들이 살아가는 일상세계가 차안此岸(이쪽 기슭)이라면 부처의 세계, 열반의 세계는 멀리 맞은편 기슭(彼岸)에 있다고 해서 이 수행을 열반으로 가는 길, 도피안이라고 합니다.

그리고 바라밀의 여섯 가지란 보시布施·지계持戒·인욕忍辱·정진精進·선정禪定 그리고 마지막으로 이를 종합한 지혜, 즉 반야바라밀般若波羅蜜입니다. 이 여섯 가지를 보살의 행동강령이라고 이해하면 됩니다. 다른 말로 대승불교를 실천하는 여섯 가지 방법, 혹은 단계로 설명하면 옳을 것입니다.

이 여섯 가지를 차근차근 밟아 가야 할 단계로 이해할 수도 있습니다. 그렇다고 해서 보시바라밀이 지혜바라밀보다 낮게 취급될 수는 없습니다. 여기서는 각각의 바라밀과 관련된 경전의 비유나 일화를 통해 그 중요성과 의미에 대해 알아봅시다.

① 보시바라밀布施波羅蜜(dāna-pāramitā)
자기의 소유물을 필요로 하는 사람에게 남김없이 주고 또 베풀어 주면서도 주었다는 생각마저 버림으로써 자기 자신의 탐심을 끊고 집착을 떠나며 또한 타인의 가난함을 도와주는 윤리적 실천을 말합니다.

이 보시바라밀은 다시 세 가지로 나뉘는데 법보시法布施, 재보시財布施, 무외시無畏施입니다.

재보시財布施는 재물이나 물질로서 보시하는 것을 말하고 있습니다. 가난하거나 빈궁한 이에게 자신의 재물을 나누어 주는 것, 또는 자신의 재물을 들여 배고픈 이에게 양식을 구해 주고, 몸이 아픈 이에게 약을 구해 주고, 헐벗은 이에게 옷을 구해 주고, 추위에 떠는 이에게 따뜻한 환경을 제공하는 것 등 필요로 하는 부족한 것을 재물이나 물질로서 주위에 도움을 주는 모든 것입니다.

법보시法布施는 바른 법(도리·순리)을 알려주는 것을 말합니다. 내가 알고 있는 바른 법을 모르는 이에게 가르쳐 주거나 잘못 알고 있는 것을 바르게 전해 주어, 이웃이나 주위의 삶에 도움을 주는 것을 말합니다. 정법正法을 가르쳐 주어, 믿고 행하게 하는 것과 크고 거창한 것만이 아닌 멀리서 온 사람이 길을 물었을 때 바르게, 고생하지 않게, 올바른 길을 가르쳐 주는 것도 이에 못지않은 것이라 할 것입니다.

무외시無畏施는 마음을 편안하게 해 주는 것을 말합니다. 심리적 고통으로 힘들어 하는 이에게 위로와 함께 그를 이해하고 마음을 나누어 자신감을 주거나, 고통에서 벗어나게 하기 위해 함께하거나 도움을 주는 것, 슬픔을 함께 나누어 마음을 위로하여 마음을 평안케 해 주는 것 등, 두려움과 고통·외로움에 괴로워하는 이에게 도움을 주는 것으로, 이웃과 함께 나누고 괴로움을 덜어 주는 것입니다. 또한 이것은 재보시로는 도움을 주지 못하는 부분의 많은 정신적인 도움을 주는 것을 말합니다.

부처님의 전생 이야기인 『본생담』에 나오는 보시의 의미를 알아봅시다.

옛날 시비국에 '벳산타라'라는 태자가 있었다. 그는 8세에 "나는 내 자신의 무엇이라도 남에게 주지 않으면 안 된다. 만일 내 심장을 원하는 이가 있다면 나는 그것을 내어 주리라. 또 눈을 원하는 이에게는 눈을, 살을 원하는 이에게는 살을 베어 주리라."라고 서원을 세웠다. 16세에 '맛디'라는 여인과 결혼하여 '사리'라는 왕자와 '한하사리'라는 공주를 낳았다.

그때 태자에게는 비를 내리게 하는 흰 코끼리가 한 마리 있었는데, 마침 이웃나라 카링가국에 극심한 가뭄이 들었다. 그 나라의 한 브라흐만이 태자를 찾아와 흰 코끼리를 달라고 청하였다. "내 몸도 보시할 것이거늘 하물며 내 몸 이외의 것이랴." 하면서 흰 코끼리를 내주었다. 그러나 시비국의 많은 백성은 태자의 행위에 분노를 느껴 그를 쫓아내기를 원하였다. 태자는 부인과 아이들을 데리고 히말라야의 깊숙한 완카산으로 떠나 그곳에 머물게 되었다.

그때 또 카링가국에는 주파카라 불리는 브라흐만이 있었는데 자기 집에 한 사람의 여종을 두고자 했으나 돈이 없었다. 그는 '벳산타라'의 보시의 마음을 이용하고자 했다. 그래서 여러 날을 걸어 완카산에 이른 브라흐만은 "저 큰 강물이 언제나 목마른 사람들의 요구를 만족시켜 주는 것과 같이 태자께서는 반드시 우리에게 두 아이를 주시겠지요?" 하면서 두 아이를 자기의 종으로 줄 것을 요구하였다.

이에 태자는 두 아이를 불러 "이 브라흐만과 함께 산을 내려가 그들의 심부름꾼이 되어다오. 나로 하여금 '피안彼岸'에 이르는 행行을 만족하게 하고 나를 위하여 나고 죽는 생사의 바다를 건너는 배가 되어다오. 아들·딸은 사랑스러운 것이다. 그러나 일체의 지혜는 자식에 대한 사랑보다 백천억 곱이나 더 훌륭한 것이다."라고 말하면서 아이들을 내어 주었다. 하지만 브라흐만은 태자가 보는 앞에서 아이들을 칡덩굴로 묶어 끌고 가며 심하게 매질을 했다.

아이들의 살갗이 벗겨지고 피가 흐르는 모습을 보면서 태자는 온몸이 떨리고, 크나큰 슬픔 속에 칼을 들고 쫓아가 브라흐만을 죽이고 싶을 정도였다. 그러나 태자의 지혜는 정을 억눌렀다. '고통은 다 애정의 목마름에서 일어나는 것이다. 사랑을 없애 버리는 마음을 가지지 않으면 안 된다'고 생각했다.

이러한 태자의 보시행에 놀란 제석천은 태자의 뜻을 시험해 보기 위해 스스로 브라흐만으로 변장하여 그의 아내를 청했다. 태자는 이번에도 조금의 집착 없이 자신의 아내를 내주었다.

보시 중에 가장 큰 보시는 주고도 줬다는 마음이 없는 것입니다. 이는 곧 모든 것에 마음의 집착이 일어나지 않는다는 뜻

입니다. 즉 반야를 증득한 것과 다를 바가 없는 경지라고 할 수 있습니다. 무엇을 주든 얼마를 주든 원래 내 것은 하나도 없으며 하물며 나조차도 없다고 알아야만 진정한 보시바라밀을 행할 수 있기 때문입니다.

② 지계바라밀持戒波羅蜜(śīla-pāramitā)

말 그대로 계율을 잘 지키는 것을 뜻합니다. 이는 불교인이 지켜야 할 가장 기본적인 계율로 일반 불자에게 있어선 불살생·불투도·불사음·불망어·불음주의 오계가 있고, 출가한 비구와 비구니에게는 각각 250계, 348계라는 구족계具足戒가 있습니다.

지계바라밀은 이러한 계율들을 잘 지키며 예의와 규범, 언행을 단정히 하는 수행을 말하는 것입니다. 계율을 잘 지켜야 한다는 부담감에 사로잡히거나 잘 지키고 있다는 자만심에 빠져서는 안 됩니다.

『열반경』에서 부처님께서는 가섭迦葉에게 지계持戒의 중요성을 다음과 같이 강조합니다.

계는 바다를 건너는 구명정(浮囊)과 같다. 그 한 조각이라도 훼손하면 생사의 바다를 건너지 못한다. 보살은 집을 나오면

금계를 받들어 위의를 잃지 않아야 한다. 나아가나 들어오나 항상 행동이 세밀하여 작은 죄를 두려워하고, 계를 지키는 마음을 가지되 마치 금강과 같이 굳게 하지 않으면 안 된다.

가섭아, 어떤 사람이 한 개의 구명정을 가지고 큰 바다를 건너려 하는데 바다 가운데서 한 나찰 귀신이 그 구명정을 달라고 말하였다. 그 사람은 그것을 주면 자기는 물속에 가라앉을 것임을 생각하고 "설사 내가 죽는 한이 있어도 이것을 줄 수 없다."고 대답하였다. 나찰은 "네가 그 전부를 주기가 어렵거든 그 반이라도, 아니면 손바닥만큼이라도 나누어 주면 어떻겠는가?" 하고 말하였다.

이에 그 사람은 강경하게 거절하여 말하기를, "네가 구하는 것은 얼마 되지 않는 작은 것이다. 그러나 나는 이 큰 바다를 건너려 하는데 앞길이 먼지 가까운지 알 수 없다. 만약 너에게 조그만큼이라도 덜어 주면 공기가 차차 없어지고 말 것이며, 큰 바다를 건널 수 없게 될 것이다. 그렇다면 죽을 수밖에 없지 않겠는가?" 하고 거절하였다.

가섭아, 보살이 금계를 가지는 것도 또한 이와 같은 것이다. 보살이 계를 지킬 때에는 번뇌의 나찰 귀신이 와서 "너는 나를 믿는 것이 좋을 것이다. 나는 결코 너를 속이지 않는다. 네가 중금계重禁戒를 파하기만 하면 편안히 열반에 들 것이다."라고 꼬인다. 보살은 이때 이렇게 말하지 않으면 안 된다. "내가 설사 계행을 갖기 때문에 아비지옥에 떨어질지라도 이것을 범하여 천상에 날 생각은 없다."

보살은 이렇게 굳게 계법을 지키고 마음을 금강과 같이 단단하게 가져 곧 근본의 정계淨戒를 구족하게 될 것이다. 이것을 성스러운 행위라 이르는 것으로서, 이렇게 하여야만 신信·진進·계界·참회懺悔·다문多聞·지혜智慧·사리捨離의 일곱 재물을 가지고 성인이 될 수 있는 것이다.

계는 지키고자 약속하기는 쉽지만 갖은 핑계로 깨뜨리기도 쉬운 것입니다. 또 그 과보가 크지 않을 것이라고 예상되는 계를 깨기는 더 쉽습니다. 굳이 지킬 필요가 없는 계를 부처님이 설하셨을 리가 없습니다. 인간이 더 편하고자 더 즐겁고자 깨는 것이니 작은 계율 하나를 범했다 해도 그 과보는 크다는 것을 알아야 합니다.

③ **인욕바라밀忍辱波羅蜜(kṣānti-pāramitā)**
괴로움을 받아들여 그 어려움을 잘 참아 내는 것(安受苦忍)을 말합니다. 즉 타인으로부터 받는 모든 박해나 고통을 잘 참고, 도리어 그것을 받아들임으로써 원한과 노여움을 없애고,

제법을 밝게 관찰하여 마음이 안주하는 것을 말하는 것입니다. 이에는 물질적으로 내핍되어 참기 힘든 것을 인내하는 것뿐만 아니라 정신적인 욕구, 욕망을 이겨 내는 것 또한 포함되는 개념입니다.

『현우경』에 등장하는 이야기로, 부처님의 전생 찬제파리羼堤波梨 선인께서는 가리왕이 온몸을 잘라 내는 동안에도 인욕의 마음을 버리지 않았다고 합니다.

과거 헤아릴 수 없는 아승지겁 이전에 남섬부주에 큰 나라가 있어 이름이 바라나시라 하였고, 당시 국왕의 이름은 가리왕歌利王이라 하였다. 그때 그 나라에는 큰 선인이 있어 이름을 찬제파리라 하였는데, 그는 500 제자들과 함께 숲속에 머물며 인욕을 수행하고 있었다.

어느 때 국왕은 신하들과 함께 부인과 궁녀들을 데리고 산에 들어가 놀게 되었다. 때에 왕은 피로해 누워 쉬고 있는데, 여러 궁녀들은 두루 돌아다니며 여러 곳을 다니다가 찬제파리 선인이 단정히 앉아 생각에 잠겨 있는 것을 보고는 공경하는 마음이 생겨 꽃을 따서 그의 위에 흩뿌리고 그 앞에 앉아 그의 설법을 듣고 있었다.

잠에서 깨어난 왕은 여인들이 보이지 않자 네 신하들을 데리고 여러 곳을 찾아다니다 그 여인들이 선인 앞에 앉아 있는 것을 보고 선인에게 물었다.

"너는 네 가지 공空의 선정을 얻었는가?"

"얻지 못했다."

"네 가지 무량심無量心을 얻었는가?"

"얻지 못했다."

"네 가지 선정을 얻었는가?"

"얻지 못했다."

이에 왕은 화를 내며 묻기를

"너는 그런 공덕 모두를 얻지 못하였으니 한낱 범부에 지나지 않건만, 혼자 여인들과 그윽한 곳에 머물러 있으니 어떻게 믿을 수 있는가? 너는 항상 여기에 머물러 있으니 어떤 사람인가, 또 무엇을 수행하는가?"

이에 선인이 "인욕을 수행하고 있다."라고 대답하자 왕은 칼을 빼들며 말하였다. "만일 인욕을 수행한다면 나는 너를 시험해 능히 참는가를 알아보리라." 하면서 선인의 두 손과 두 다리, 귀와 코를 잘라 내었다.

그때 온 천지가 진동하였고, 그 선인의 500 제자가 하늘을 날아와 선인에게 묻기를, "그런 고통을 당하고도 인욕하는 마음을 잃지 않았습니까?" 이에 선인은 "마음을 잃지 않았도다."

하면서, "만약 나의 인욕하는 마음이 진실이라면 피는 젖이 되고 몸은 전처럼 회복될 것이다."라고 말하는 순간 선인의 몸이 원상태로 돌아갔다고 한다. 이에 선인은 또다시 말하였다. "나는 지금 이 인욕을 수행하며 중생을 위해 쉬지 않고 행하리니, 이후 어느 땐가는 반드시 부처가 되어 너의 모두를 구원할 것이다. 법의 물로써 너희들 티끌과 때를 씻고 탐욕의 더러움을 없애어 영원히 청정케 할 것이다."

이렇듯 이야기를 마치신 부처님께서는 비구들에게 "그때의 찬제파리는 나요, 가리왕과 4명의 대신은 다섯 비구다."라고 하셨습니다. 이처럼 과거 부처님의 모범을 따라 우리 모두 '인욕바라밀'을 행한다면 마침내 '무생법인無生法忍(anutpattika-dharma-kṣānti)'을 증득하여 현실 고통을 벗어난 열반의 저 언덕에 이를 수 있음을 말하고 있습니다.

이 보시와 지계, 인욕은 계·정·혜 삼학 중에 계戒에 해당합니다.

④ 정진바라밀精進波羅蜜(vīrya-pāramitā)
위에서 언급한 보시, 지계, 인욕을 쉬지 않고 정진하여 열심

히 닦아 나가는 것을 말합니다.

즉 이는 심신을 가다듬고 힘써 선행善行, 특히 위의 세 바라밀을 꾸준히 실천하여, 나태한 마음을 버리고 선법을 증장시키고 더욱더 발전시켜 나가는 것을 말합니다.

카필라바스투 성을 떠나 출가한 고타마 싯달타 태자는 오랜 편력을 거듭한 끝에 니련선하 강가의 고행림苦行林을 찾아들게 되었던 것이다. 그리고 그 고행림에 이른 태자는 몸은 방일하지 않고 마음은 탐욕과 번뇌를 여의어 늘 고요한 선정에 머물렀다. 그리하여 모든 고행자가 경험치 못한 고행을 닦기로 결심하였다. 태자는 고요히 숲속에 앉아 고요히 선정을 닦으며 하루 쌀 한 알과 참깨 한 알을 먹으며 자리에 앉아 있었다. 이렇게 한두 해를 지나니 살갗 속의 살과 피는 다 말라 버리고 살갗만이 뼈를 싸고 있을 뿐이었다.

이러한 오랜 선정의 모습에 마을 사람들은 "이제 태자가 죽는다."고 말했다. 카필라바스투 왕국의 신하 우다아인이 이 소문을 듣고 태자를 찾아와 고향에 되돌아가자고 간청하자 태자는 다음과 같은 말을 하였던 것이다.

"우다아인이여, 내 몸이 이 땅에 부딪혀 가루가 될지라도 내가 맹세한 처음 마음은 부서지지 않을 것이오. 만일 내가 도道

를 이루지 못하고 이곳에서 죽거든 당신은 내 시체를 메고 카필라바스투 성에 들어가 '이 사람은 끝까지 정진하던 사람이며, 처음 마음을 버리지 않고 큰 서원을 세운, 바른 마음·바른 뜻을 지닌 이의 해골이다'라고 말해 주시오."

⑤ 선정바라밀禪定波羅蜜(dhyāna-pāramitā)

번뇌, 망상으로 인한 산란한 마음을 가라앉히고 정신통일을 하여 고요히 사색하는 것(靜慮)을 뜻합니다. 불교는 인간의 마음의 원리를 깨쳐 존재법의 실상을 밝히는 것으로 선禪이 중요한 수행법 중의 하나입니다.

선정의 두 가지 핵심이 집중과 관찰입니다. 마음을 고요히 하고 내 안에서 일어나는 모든 감정과 움직임을 관찰해서 나를 파악해야 합니다. 그리고 그러한 관찰의 과정에 집중하다 보면 삼매의 경지에 이릅니다.

앞에서 말한 정진, 선정은 계·정·혜 삼학 가운데 정에 해당합니다. 그리고 선정을 통해 삼매에 도달하면 지혜를 증득할 수 있으며 그것이 다음의 지혜바라밀입니다.

⑥ 지혜바라밀智慧波羅蜜(prajñā-pāramitā)

반야바라밀般若波羅蜜이라고도 합니다. 육바라밀에서 이 지혜(반야)바라밀은 보시에서 선정에 이르는 다섯 바라밀을 총체적으로 통합한 것으로서, 또한 선정에 의해 얻어지는 결과라고도 말할 수 있습니다. 즉 어리석음을 고쳐 모든 진리를 밝게 아는 지혜 혹은 그 여실如實의 진리를 체득함을 말합니다.

『대지도론大智度論』에 반야바라밀은 "실상을 비추어 아는 지혜로서, 생사의 이 언덕에서 열반의 저 언덕에로 이르는 배와 같다."라고 하였으며, 『소품반야경小品般若經』에서는 "마치 대지에 씨앗을 뿌리면 인연화합에 의하여 생장이 있게 되는데, 땅을 의지하지 않고는 모든 것이 생장할 수 없는 것이다. 이와 같이 다섯 바라밀은 반야바라밀 속에 머물러 증장함을 얻는다."라고 하였습니다.

이렇듯 지혜바라밀은 모든 바라밀 중 으뜸으로 보시·지계·인욕·정진·선정 바라밀을 의지해 있으며, 지혜바라밀을 통해 앞의 다섯 바라밀은 완성이 됩니다.

이 여섯 가지 바라밀은 다른 말로 계·정·혜 삼학이라고 부를 수도 있고, 팔정도라 부를 수도 있습니다. 모두가 삼독을 없애고 해탈의 길로 나아가는 보살행인 까닭입니다.

불교 쉽게 이해하기

깨침의 소리

2016년 12월 20일 초판 1쇄 인쇄
2016년 12월 30일 초판 1쇄 발행

지은이 자광
펴낸이 한태식
펴낸곳 동국대학교출판부

출판등록 제2-163(1973. 6. 28)
주 소 100-715 서울시 중구 필동로 1길 30
전 화 02) 2260-3483~4
팩 스 02) 2268-7851
Homepage http://www.dgpress.co.kr
E-mail book@dongguk.edu
인쇄처 보명C&I

ISBN 978-89-7801-506-6 03220

값 15,000원

이 책의 무단 전재나 복제 행위는 저작권법 제98조에 따라 처벌받게 됩니다.